Compañeros

Nueva edición

Curso de español

2

D1720426

Cuaderno de ejercicios

Francisca Castro   Ignacio Rodero   Carmen Sardinero

Español Lengua Extranjera

SGEL

Primera edición, 2016

Produce: SGEL – Educación
Avda. Valdelaparra, 29
28108 Alcobendas (Madrid)

© Francisca Castro, Ignacio Rodero, Carmen Sardinero
© Sociedad General Española de Librería, S. A., 2016
Avda. Valdelaparra, 29, 28108 Alcobendas (Madrid)

Dirección editorial: Javier Lahuerta
Coordinación editorial: Jaime Corpas
Edición: Yolanda Prieto
Corrección: Ana Sánchez

Diseño de cubierta: Ignacio Rodero Sardinero
Fotografía de cubierta: Diego Lezama
Diseño de interior: Verónica Sosa
Maquetación: Leticia Delgado

Ilustraciones: ÁNGELES PEINADOR: pág. 22 (ej. 3), pág. 23 (ej. 1), pág. 26 (ej. 3), pág. 31 (ej. 5), pág. 33 (ej. 1), pág. 36 (ej. 1), pág. 37 (ej. 3), pág. 39 (ej. 6), pág. 40 (ej. 1), pág. 43 (ej. 1), pág. 44 (ej. 2), pág. 64 (ej. 1), pág. 65 (ej. 1), pág. 66 (ej. 5), pág. 68 (ej. 1). ING IMAGE: pág. 20 (ej. 1 mapa, 3). SHUTTERSTOCK: pág. 20 (ej. 2), pág. 21 (ej. 1), pág. 22 (ej. 1), pág. 27 (ej. 2), pág. 34 (ejs. 1 y 2), pág. 40 (ej. 2), pág. 47 (ej. 2), pág. 48 (ej. 1), pág. 61 (ejs. 1 y 2), pág. 64 (ej. 4).

Fotografías: CORBIS IMAGES: pág. 28 (ej1 foto Pablo Alborán). CORDON PRESS: pág. 24 (ej. 4 foto Leonor Watling), pág. 25 (ej. 7 foto J. K. Rowling). NACHO RODERO: pág. 29 (ej. 1 fotos 3 y 4). ING IMAGE: pág. 13 ejs. 1 y 3; pág. 15 ej1; pág. 17 ej. 6; pág. 20 fotos 1, 2, 4, 5, 6, 7, 8, 9 y 10; pág. 26 ej. 1. SHUTTERSTOCK: Resto de fotografías, de las cuales, solo para uso de contenido editorial: pág. 5 ej. 3 fotos 2 coche nuevo (Adisa / Shutterstock.com) y coche viejo (Vorm in Beeld / Shutterstock.com); pág. 25 fotos Avril Lavigne (Frederic Legrand - COMEO / Shutterstock.com) y Rafa Nadal (Neale Cousland /Shutterstock.com); pág. 32 foto Ferrari (Yauhen_D Shutterstock.com) y Clio (VanderWolf Images / Shutterstock.com); pág. 34 ej. 2 imagen de el Cristo Redentor (Guchici / Shutterstock.com); pág. 40 ej. 6 foto Palza de Cataluña (nito / Shutterstock.com) y Palau de la Música (Arseniy Krasnevsky / Shutterstock.com); pág. 42 ej. 1 foto D (Marcin Krzyzak / Shutterstock.com); pág. 49 ej. 3 (Iso Pupo / Shutterstock.com); pág. 52 ej. 5 (Andre Luiz Moreira / Shutterstock.com); pág. 54 ej. 1 foto A (Tinseltown / Shutterstock.com), B (Tinseltown / Shutterstock.com) y C (Denis Makarenko / Shutterstock.com); pág. 56 ej. 3 (Denis Makarenko / Shutterstock.com); pág. 69 ej. 1 foto 1 (Ozgur Guvenc / Shutterstock.com), 4 (I Love Travel / Shutterstock.com) y 5 (Roy / Shutterstock.com).

Audio: Cargo Music

ISBN: 978-84-9778-910-3

Depósito legal: M-18998-2016
Printed in Spain – Impreso en España
Impresión: Gómez Aparicio Grupo Gráfico

Contenidos

Punto de partida

VOCABULARIO

1 ¿Qué ves en la clase? Fíjate en las fotos y completa las palabras.

1 P _____
2 R _____
3 B _____
4 M _____
5 P _____
6 S _____
7 O _____
8 L _____
9 D _____
10 L _____

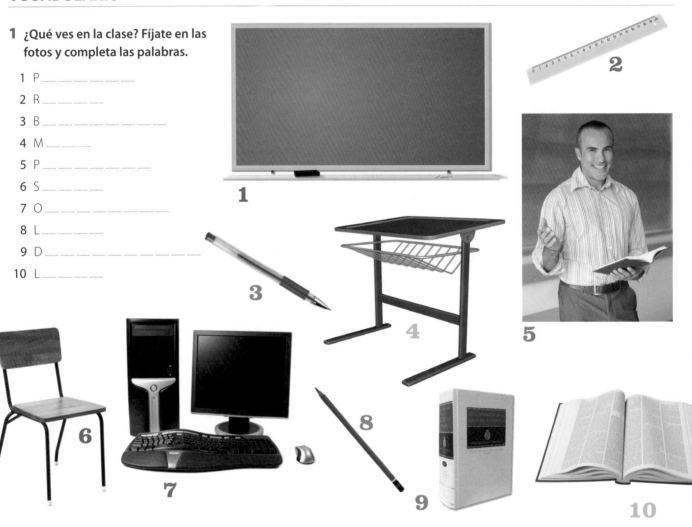

2 Lee las definiciones y expresa con una palabra a qué se refieren.

1 Esta persona trabaja en una biblioteca.

_____

2 Esta persona corta el pelo a la gente.

_____

3 Tú visitas a esta persona si estás enfermo.

_____

4 Lugar donde se exponen cuadros u objetos artísticos.

_____

5 Lugar donde venden todo tipo de comida y bebidas.

_____

6 Lugar donde puedes comprar muchos libros.

_____

7 Persona que conduce un autobús.

_____

8 Lugar donde se compran las medicinas.

_____

3 Escribe el contrario de los siguientes adjetivos.

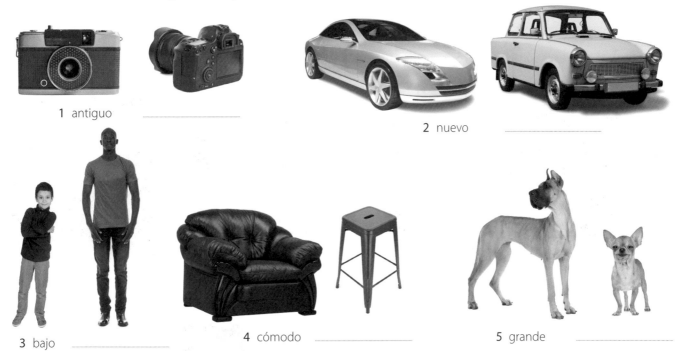

1 antiguo ....

2 nuevo ....

3 bajo ....

4 cómodo ....

5 grande ....

4 Añade cinco palabras más a cada una de las series.

1 enero, febrero, ...

2 lunes, martes, ...

3 padre, madre, ...

4 España, México, ...

5 mexicano, venezolano, ...

6 cabeza, brazo, ...

7 naranjas, manzanas, ...

8 dormitorio, cocina, ...

9 vestido, pantalón, ...

10 Matemáticas, Lengua, ...

5 Completa las frases con una palabra.

1 A mí me gusta comer los domingos en un **r**.. italiano.

2 Messi es de **A**..; él es **a**..

3 Yo tengo el **p**.. largo y los **o**.. verdes.

4 El mar es de color **a**..

5 Mi madre guarda la ropa en el **a**..

6 Carmen y Nacho tienen un **j**.. lleno de flores.

7 Nosotros desayunamos en la **c**..

8 Cuando voy a correr, me pongo las **z**.. **d**........ **d**........

9 Rafa es el **m**.. de Isabel. Ellos están casados.

GRAMÁTICA

▶ PRESENTE DE LOS VERBOS *SER* Y *ESTAR*

1 Completa las frases con la forma correcta del presente del verbo *ser*.

1 Nosotros _____ estudiantes.

2 Mi profesor _____ argentino.

3 Tus amigos y tú _____ muy buenos jugando al baloncesto.

4 Tú _____ tan alto como yo.

5 La madre de Daniela _____ médico.

6 Yo _____ la delegada de clase.

7 Los cuadernos de Marta _____ muy bonitos.

8 ¿Tus padres _____ de Barcelona?

2 Elige la forma correcta del verbo *ser* o *estar*.

1 Mi gato **es / está** gris.

2 Amanda y mi hermana Alba **son / están** amigas. **Son / Están** siempre juntas.

3 Mis padres **son / están** en Venecia de vacaciones.

4 Jesús **es / está** ingeniero. Ahora **es / está** en la oficina.

5 ¿Vosotros **sois / estáis** en un equipo de fútbol?

6 Mis primos y yo **somos / estamos** en el mismo instituto.

7 ¿Quién **es / está** tu cantante favorito?

8 Hoy **soy / estoy** contento. Mis abuelos **están / son** en casa.

9 ¿**Es / Está** usted la nueva profesora de Música?

10 Tú **eres / estás** enfadado, ¿verdad?

3 Pregunta y contesta. Usa el verbo *ser* o *estar*.

1 ¿Cómo _____ tú hoy?

2 ¿De dónde _____ tu padre?

3 ¿Cuál _____ tu comida favorita?

4 ¿Tu hermano y tú _____ buenos en inglés?

5 ¿Dónde _____ tu mochila?

6 ¿Tus amigos _____ en la piscina?

▶ PRESENTE DE LOS VERBOS REGULARES E IRREGULARES

4 Completa las frases con el presente de los verbos entre paréntesis.

1 Amanda .... (tocar) la flauta travesera.

2 Mi madre .... (trabajar) en un instituto de Córdoba.

3 Mis padres y yo .... (comer) en casa de mi abuela todos los domingos.

4 Javier e Inés .... (vivir) en Alicante. ¿Dónde .... (vivir) tú?

5 Nosotros .... (escribir) en la revista del instituto.

6 Adrián y tú .... (jugar) al ajedrez todos los viernes.

7 Yo siempre .... (leer) antes de dormir.

8 Mi padre .... (comprar) el pan todos los días.

5 Escribe la pregunta a las siguientes respuestas.

1 ....
Vivo en Valencia.

2 ....
Tengo catorce años.

3 ....
Tengo dos hermanos.

4 ....
Mi cumpleaños es en febrero.

5 ....
Las clases empiezan a las ocho y media.

6 Completa las frases con la forma correcta de los siguientes verbos.

ver • doler • jugar • hacer (x2) • ir
tener (x2) • salir • llevar • venir

1 Yo .... un móvil nuevo.

2 Irene .... los deberes todos los días.

3 ¿Cuándo te .... de vacaciones?

4 ¿Te .... al concierto de Shakira?

5 ¿Qué .... tus amigos y tú el sábado?

6 A mi abuela le .... la cabeza porque no duerme bien.

7 Andrea y yo .... al tenis los martes.

8 Mis compañeros y yo .... «Los Simpsons» todos los días.

9 Lucía .... con sus amigas los viernes.

10 El profesor de Inglés .... un tatuaje y .... un pendiente.

7 Corrige el error que hay en cada frase.

1 Amanda quiere ser veterinario.
....

2 Esta son mis zapatillas deportivas.
....

3 A mi madre la gusta el fútbol.
....

4 El gato es en la alfombra.
....

5 Alba tiene el pelo rubia.
....

6 Mi padre comprar el periódico todos los días.
....

8 Traduce las frases a tu idioma.

1 A mí me gusta bailar *funky*.
....

2 Avril Lavigne es de Canadá.
....

3 La novia de Rodrigo se sienta detrás de mí.
....

4 El gato está debajo de la cama.
....

5 *Cuéntame* es una serie de televisión.
....

6 Mis abuelos viven en el norte de España.
....

7 Mi padre tiene dos hermanos y una hermana.
....

¿En casa o con los amigos?

VOCABULARIO

1 Completa el nombre de las actividades de tiempo libre utilizando los siguientes verbos.

enviar • escuchar
ver • quedarse • salir
ir • hacer (x2) • jugar (x2)

1 _____ con los amigos.

2 _____ deportes urbanos.

3 _____ al cine.

4 _____ con videojuegos.

5 _____ música.

6 _____ en casa.

7 _____ deporte.

8 _____ al ajedrez.

9 _____ la televisión.

10 _____ mensajes.

2 Relaciona las columnas y forma actividades de tiempo libre.

A

1 navegar
2 jugar
3 ir
4 salir
5 hablar
6 bailar
7 ver

B

la
por
en
con
de

C

internet
la discoteca
videojuegos
compras
los amigos
televisión
teléfono

1 ....
2 ....
3 ....
4 ....
5 ....
6 ....
7 ....

3 Completa el texto con el vocabulario de los ejercicios anteriores.

Los fines de semana mi hermana María y yo hacemos cosas diferentes.
Yo siempre salgo con [1] .... Vamos al polideportivo y hacemos [2] ....
Mi hermana se queda los viernes [3] .... , ve [4] .... o escucha .... en su habitación.
Algunos sábados vamos de [5] .... con mi madre al centro comercial del barrio y por la tarde jugamos con [6] .... en el ordenador. Los domingos juego al [7] .... con mi amigo Sergio. Mi hermana va a [8] .... a la discoteca.

GRAMÁTICA

1 Escribe frases en presente con *estar* + gerundio.

1 Yo / no hacer / la cena

....

2 Mi madre / leer / un libro

....

3 ¿(tú) / jugar / al ajedrez?

....

4 Mis compañeros / escribir

....

5 (nosotros) / no ver / una película

....

6 ¿(vosotros) / comer / paella?

....

2 Completa las frases con el presente de *estar* + gerundio de los siguientes verbos.

nadar • dormir • escuchar • enviar
ver • estudiar • navegar • hacer

1 Yo .... la televisión en mi habitación.

2 Mi hermana .... Matemáticas para el examen de mañana.

3 Mis hermanos .... en la piscina.

4 • ¿Y vosotros? ¿Qué ....?
   ■ .... por internet.

5 Mi padre .... la siesta y yo .... música.

6 Mi madre .... un mensaje a mi padre.

3 Completa el diálogo con el presente de *estar* + gerundio de los verbos entre paréntesis.

Sara:	¡Hola, Carlos! ¿[1] _____ (ver) la tele?
Carlos:	No, ¿por qué?
Sara:	[2] _____ (empezar) un documental sobre Egipto. Es muy interesante. ¿Y tú qué [3] _____ (hacer)?
Carlos:	[4] _____ (terminar) mis deberes de Español. Mi hermana [5] _____ (estudiar) aquí conmigo.
Sara:	¿[6] _____ (preparar / vosotros) el examen de mañana?
Carlos:	Sí, [7] _____ (repasar) los ejercicios de gramática.
Sara:	Vale, venga. Mañana nos vemos en el instituto.

4 Ahora lee el diálogo anterior, completa las preguntas con el pronombre interrogativo correcto y relaciónalas con su respuesta.

1 ☐ ¿_____ está haciendo Carlos?
2 ☐ ¿Con _____ está estudiando Carlos?
3 ☐ ¿_____ están preparando un examen?
4 ☐ ¿_____ se van a ver mañana Sara y Carlos?

a Carlos y su hermana.
b Está terminando sus deberes de Español.
c En el instituto.
d Con su hermana.

5 Escribe frases utilizando el presente simple o el presente de *estar* + gerundio.

1 Mi padre / leer / el periódico todos los días
_____

2 Todos los veranos / mis primos / ir / de vacaciones a la playa
_____

3 Mi vecino / tocar / el violín. No puedo dormir
_____

4 • ¿Dónde / estar / Juan?
 ▪ Trabajar / con su padre
_____

5 Mi hermana nunca / jugar / al ajedrez
_____

6 Ahora / el niño / dormir
_____

7 • ¿Qué / hacer (tú)?
 ▪ Hacer / los deberes
_____

8 • ¿Qué / leer (vosotros) / ahora?
 ▪ Leer / poesía
_____

9 Mis amigos y yo / usar / el móvil / todos los días
_____

10 Todos los meses / Jorge y yo / comprar / revistas sobre deportes urbanos
_____

6 Ordena las frases.

1 le / Clara / dibujar / a / gusta
A Clara le gusta dibujar.

2 jugar / mucho / con / mí / gusta / me / videojuegos / a
A mí me gusta mucho con jugar videojuegos

3 ¿ / a / pescado / ti / el / gusta / te / ?
¿A ti te gusta el pescado?

4 nada / nosotros / gusta / a / nos / madrugar / no
A nosotros no nos gusta nada madrugar.

5 perros / Nacho / gustan / a / le / los
A Nacho le gustan los perros

6 teatro / mucho / no / a / ir / amigos / gusta / mis / les / al
A mis amigos no gusta mucho ir al teatro.

7 ¿ / pantalones / mis / gustan / os / ?
¿Os gustan mis pantalones?

7 Completa las frases con *me, te, le, nos, os, les* + *gusta / gustan*.

1 A mí *me gusta* viajar.
2 ¿A vosotros *os gustan* leer?
3 A mi padre no *le gusta* mucho el fútbol.
4 A Isabel y a Ángel *les gusta* ir a la playa.
5 A mi hermano y a mí *nos gustan* las películas de terror.
6 ¿A ti *te gustan* los deportes?
7 A mí *me gusta* mucho las *pizzas*.
8 A mi madre no *le gusta* planchar.
9 ¿A ti *te gusta* jugar al ajedrez?
10 A mis abuelos no *les gustan* montar en avión.

8 Completa la tabla con las siguientes expresiones.

no me gusta mucho • me gusta bastante
no me gusta nada • me gusta mucho

1	👍👍👍
2	👍👍
3	👍
4	👎

9 Escribe frases utilizando las expresiones del ejercicio anterior.

1 mis amigos / los videojuegos
Mis amigos les gustan los videojuegos

2 nosotros / ir a la piscina
A Nosotros nos gusta ir a la piscina.

3 (yo) / las revistas de coches
A mí Me gustan las revistas de coches.

4 ellos / comer verdura
Ellos les gusta comer verdura

5 mi madre / ver el fútbol por la televisión
A Mi madre le gusta ver el fútbol por la televisión.

10 Completa el texto con la forma correcta del verbo *gustar*.

Cuando salgo con mis amigos los fines de semana, tenemos algunos problemas: a cada uno [1] *nos gusta* hacer cosas diferentes. A mi amiga Susana y a mí [2] *nos* _____ mucho ir a bailar, pero a los chicos no [3] *les gusta* nada. Cuando vamos a hacer deporte, a ellos y a nosotras también [4] _____ deportes diferentes: a mí [5] _____ los paseos en bicicleta; a Susana [6] _____ la natación; y a ellos, normalmente, [7] _____ mucho jugar al fútbol.
Al final, siempre acabamos hablando en un banco del parque.

COMUNICACIÓN

1 Ordena la conversación telefónica.

- ☐ **Madre:** Sí, espera un momento. Ahora se pone.
- ☐ **Jaime:** Bueno, pues entonces nos vemos mañana en el instituto.
- ☐ **Jaime:** ¡Hola, soy Jaime!
- ☐ **María:** No, no puedo, estoy haciendo los deberes.
- ☐ **Madre:** ¡Hola, Jaime! ¿Qué tal?
- ☐ **Jaime:** ¿Y María?
- ☐ **Madre:** ¿Sí, dígame?
- ☐ **Jaime:** Bien, gracias. ¿Está Alberto en casa?
- ☐ **María:** ¡Hola, soy María! ¿Qué pasa, Jaime?
- ☐ **Madre:** No, no está.
- ☐ **Jaime:** ¿Te vienes al parque a jugar un partido de fútbol?
- ☐ **María:** ¡Hasta mañana!

2 Completa la conversación con las siguientes expresiones.

¡Hasta mañana! • Te vienes • espera un momento
Está • ¿Y mañana? • ¿Sí, dígame?

Padre: [1] ....

Alba: ¡Hola, soy Alba! ¿[2] ...., Sonia?

Padre: Sí, [3] ...., ahora se pone.

Sonia: ¡Hola, Alba! Soy Sonia. ¿Qué tal?

Alba: ¡Hola, Sonia! ¿[4] .... de compras?

Sonia: No, hoy no puedo. Esta tarde tengo clase de piano.

Alba: [5] ....

Sonia: Por la mañana juego un partido de baloncesto, pero por la tarde estoy libre.

Alba: Vale, pues vamos mañana por la tarde. ¿Qué tal a las cinco?

Sonia: Estupendo. Mañana nos vemos entonces.

Alba: [6] ....

3 🎧 **Escucha y contesta a las preguntas.**

1 ¿Está Cristina en su casa?

2 ¿A dónde va Elena mañana?

3 ¿Con quién va?

4 ¿A qué hora salen?

5 ¿De dónde salen?

6 ¿Cómo van?

7 ¿Qué van a comer?

8 ¿Cuánto cuesta la entrada?

9 ¿A qué hora vuelven?

COMUNICACIÓN Y VOCABULARIO

1 Completa las frases con las siguientes estructuras en su forma correcta (presente simple o *estar* + gerundio).

ir a entrenar • ir a la biblioteca • ir a clases de Español
tocar el piano • montar en bicicleta • ir a correr • nadar
cantar en un coro • hacer teatro • ~~cocinar~~

- ¿Qué estás haciendo?
- *Estoy cocinando*. Vienen unos amigos a cenar.

1 Siempre que tengo tiempo, ... al parque. Me tengo que poner en forma.

2 ¿Quién ....? Es una pieza musical preciosa.

3 Mi hermano .... en su instituto: para final de curso tienen el estreno.

4 • ¿Dónde está tu padre ahora?
  ▪ .... con el equipo ciclista del barrio.

5 ¿Sabes que ....? Todos los fines de semana aprendemos nuevas canciones.

6 Estoy en un equipo de fútbol. .... tres días por semana.

7 Mi hermana y yo .... los martes y jueves. Queremos ir de vacaciones a España.

8 Tengo dolor de espalda. .... todos los días. Los ejercicios en el agua son muy buenos.

9 Cuando quiero leer algo, ... a buscar un libro.

2 Completa el texto utilizando el vocabulario del ejercicio anterior.

Hola, me llamo Ángela y tengo 13 años.

Soy de Bilbao, en el País Vasco, al norte de la Península. En mi casa hablamos euskera, pero en el colegio estudio español todos los días.

Por la mañana, voy al instituto, y al salir, me gusta (1) .... al parque durante una hora: el parque está cerca de casa.

Algunas tardes, llamo a mis amigas y vamos a (2) ....: hay un carril bici de 25 kilómetros junto al río.

Los sábados me gusta (3) ....: la natación es uno de los deportes más completos.

Como veis, el deporte es mi actividad principal. También me gusta hacer otras cosas, como (4) ....: dicen que tengo una voz muy bonita. Y algunos días ayudo a mi padre a (5) ...., pero siempre platos sencillos.

Me gusta mucho (6) ...., pero es un instrumento muy difícil y tengo poco tiempo para practicar.

¡Ah!, se me olvidaba: cuando tengo exámenes, me gusta (7) .... Me concentro mejor y puedo consultar libros.

3 Escribe tres frases sobre qué actividades haces durante la semana.

¿Qué actividades haces?
¿Cuándo?
¿Con quién?

Los lunes y jueves voy a entrenar con mi equipo de baloncesto.

DESTREZAS

📋 LEER

1 **Lee los siguientes textos y di si las frases siguientes son verdaderas (V) o falsas (F).**

1 ☐ A Ana le gusta mucho el deporte.

2 ☐ Ana juega en el equipo de su ciudad.

3 ☐ Ana solo ve los partidos de baloncesto por la televisión.

4 ☐ Roberto es guitarrista de rock.

5 ☐ Roberto toca en un grupo con sus amigos.

6 ☐ Él y sus amigos ensayan a diario.

AFICIONES

Inicio   Quiénes somos   Galería   Contacta

¡Hola! Me llamo Ana. Tengo 13 años y soy de Vitoria. ¿Te gusta el baloncesto? A mí me gusta mucho y estoy en el equipo del instituto. Este año estamos jugando el campeonato provincial y ¡somos los primeros!
Los fines de semana me gusta mucho ver deportes por la televisión y voy a algunos partidos de baloncesto con mis amigos. Nuestro equipo favorito es el Tau-Vitoria. Son muy buenos. Y tú, ¿qué haces con tus amigos?

¡Hola! Soy Roberto. Mi vida es la música. Me gusta mucho tocar la guitarra y estoy con mis amigos en un grupo de música rock. Los fines de semana nos juntamos y ensayamos nuestras canciones favoritas. Ahora estamos escribiendo unas canciones nuevas para el concierto de fin de curso del instituto. Cuando tenemos dinero, nos gusta mucho ir a algún concierto. Y a ti, ¿qué música te gusta? ¿Cuál es tu grupo favorito?

2 **Lee los textos otra vez y contesta a las siguientes preguntas.**

1 ¿Dónde juega Ana al baloncesto?

2 ¿Cómo van en el campeonato?

3 ¿Qué le gusta hacer a Ana los fines de semana?

4 ¿Qué les gusta hacer a Roberto?

5 ¿Qué están preparando ahora?

6 ¿Qué hacen cuando tienen dinero?

✍ ESCRIBIR

3 **Contesta a estas preguntas sobre ti.**

1 ¿Cuál es tu actividad favorita?

2 ¿Cuándo y con quién la practicas?

3 ¿A dónde te gusta ir con tus amigos?

4 **Escribe en tu cuaderno un pequeño texto de presentación contando lo que te gusta hacer normalmente, muchas veces, algunas veces, casi nunca o nunca.**

2

¿Qué tiempo hace?

VOCABULARIO

1 ¿Qué tiempo hace?

Bogotá (llover)
En Bogotá está lloviendo.

1 Segovia (niebla)

2 Madrid (nublado)

3 Sevilla (tormenta)

4 Barcelona (sol)

5 Buenos Aires (frío)

6 Granada (nevar)

7 Valencia (viento)

2 Ordena estas palabras relacionadas con el tiempo y escribe frases con ellas.

1 a b i n l e ....

2 l a c r o ....

3 n v i t o e ....

4 e v i n e ....

5 í r f o ....

6 o l s ....

7 n a t r o t e m ....

8 b a u d l o n ....

3 Completa las frases con las siguientes palabras.

terremoto • rayos • incendios • granizada
tornados • inundación

1 En verano hay muchos ....

2 Cuando hay una tormenta, vemos muchos ....

3 Cuando hay un ...., algunas casas se caen.

4 Los .... pueden levantar en el aire animales y cosas.

5 Se llena todo de agua cuando hay una ....

6 Una .... muy fuerte puede estropear las cosechas.

GRAMÁTICA

1 Completa el presente del verbo ir.

	ir
yo	voy
tú	
él / ella / Ud.	
nosotros/-as	
vosotros/-as	
ellos / ellas / Uds.	

2 Escribe las instrucciones del entrenador en el orden correcto.

1 vamos / sábado / jugar / el / partido / un / a

....

2 jueves / entrenar / el / y / vamos / martes / a / el

....

3 una / van / las / preparar / madres / merienda / a

....

4 en / vais / estadio / ir / a / autobús / al

....

5 antes / yo / partido / instrucciones / dar / del / voy / las / a

....

6 va / contrario / no / el / ganar / a / equipo

....

7 hacer / va / buen / muy / a / tiempo

....

3 ¿Qué van a ser en el futuro? Haz frases utilizando las siguientes expresiones en su forma correcta.

bibliotecario/-a • director(a) de cine • ~~jardinero/-a~~
diseñador(a) de videojuegos • fotógrafo/-a • científico/-a
escritor(a) • profesor(a) de Lengua • cantante

A Samuel le gustan mucho las plantas.
Va a ser jardinero.

1 A Isabel y a María les gusta mucho escribir.

....

2 A mí me encanta jugar al videojuego *League of legends*.

....

3 Mi hermano canta muy bien.

....

4 A Pilar y a Guillermo les gusta mucho el cine.

....

5 A ti te gusta mucho la clase de Lengua.

....

6 A vosotros os gusta mucho ir a la biblioteca.

....

7 A Enrique le gusta hacer experimentos en el laboratorio.

....

8 Eva siempre hace fotos cuando va de vacaciones.

....

4 Escribe preguntas con la forma correcta de *ir* + infinitivo.

1 ¿Qué / escribir / Isabel y María?

....

2 ¿Qué / enseñar / tú?

....

3 ¿Dónde / trabajar / vosotros?

....

4 ¿Qué / hacer / Pilar y Guillermo?

....

5 ¿Dónde / trabajar / Samuel?

....

6 ¿Qué / comer / tus padres?

....

5 Lee la información del ejercicio 3 y contesta a las preguntas del ejercicio anterior utilizando las siguientes palabras.

jardín **novelas**

películas **biblioteca**

paella **Lengua**

1 ....
2 ....
3 ....
4 ....
5 ....
6 ....

6 Mira las tablas y escribe cinco frases sobre los planes que tienen Alba y Pablo para el fin de semana.

SÁBADO		
	mañana	**tarde**
ALBA	Ir a nadar.	Ir al cine con los amigos.
PABLO	Jugar al baloncesto.	Ir al cine con los amigos.

DOMINGO		
	mañana	**tarde**
ALBA	Hacer los deberes.	Quedarse en casa.
PABLO	Hacer los deberes.	Quedar con Pedro para jugar al ordenador.

ALBA

PABLO

Alba y Pablo van a hacer los deberes el domingo por la mañana.

1 ....

2 ....

3 ....

4 ....

5 ....

7 Completa la tabla con los siguientes pronombres.

nosotras

me te

lo las

vosotros

ellas él

Pronombres	
Pronombres sujeto	**Pronombres objeto**
yo	[5] ....
tú	[6] ....
[1] .... / ella / Ud.	[7] .... / la / le
nosotros / [2]	nos
[3] .... / vosotras	os
ellos / [4] .... / Uds.	los / [8] .... / les

8 Completa las frases con los siguientes pronombres.

lo (x2) • me • te (x2) • la • nos • los • os • las

1 Esa actriz es muy buena. *La* veo todos los jueves en la televisión.

2 Me gusta mucho este periódico. *Lo* leo todos los días.

3 ¡Eres un padre fantástico! ¡*Te* quiero mucho!

4 Me gustan mucho las películas de *El Señor de los Anillos*. *Las* he visto todas.

5 No puedo usar el diccionario. No *lo* tengo aquí.

6 Estoy haciendo los deberes. *Los* voy a terminar antes de salir con mis amigos.

7 Mamá, quiero un helado. ¿*Me* invitas?

8 • ¿Te acuerdas de nosotros?
   ▪ No, creo que no *os* conozco.

9 • ¿Cuándo ves a tus amigos?
   ▪ *Nos* vemos todos los días en el recreo.

10 ¿Dónde estabas? No *te* vimos en el concierto.

9 Completa el texto. Utiliza los pronombres correctos.

[1] *Yo* salgo los fines de semana con mis amigos. Son estupendos: [2] *los* quiero mucho. Andrés es el más simpático. [3] *lo* conocí cuando éramos pequeños. Siempre hablamos de cosas divertidas. Algunas veces vamos al cine. A mis amigos y a mí nos encantan las películas de terror: [4] *las* vamos a ver siempre que podemos. ¿[5] *tú* también vas al cine con tus amigos?

COMUNICACIÓN

1 Mira la información en la agenda de Alejandra y contesta a las preguntas.

LUNES	MARTES	MIÉRCOLES	JUEVES	VIERNES	SÁBADO	DOMINGO
6h entrenamiento fútbol	4:30h clase de música	preparar examen Historia	6h entrenamiento fútbol	7h cumpleaños de Pedro	10 de la mañana partido	comida en casa de los tíos

1 ¿Qué días va a entrenar Alejandra?

2 ¿A qué hora es la clase de Música?

3 ¿Qué va a estudiar el miércoles?

4 ¿A dónde va a ir el viernes?

5 ¿Cuándo va a jugar el partido?

6 ¿Qué va a hacer el domingo?

2 Completa los diálogos utilizando las siguientes expresiones.

- Te llamo esta noche
- ¿Qué vas a hacer este fin de semana?
- ¿Te vienes conmigo?
- Eso no
- Puedo ir con
- ¿Y el sábado?
- Y puedo dormir
- Sí, no hay ningún problema

David: Oye, Alberto. [1] _____
Yo voy a ir al cine el viernes. [2] _____

Alberto: El viernes no puedo. Es el cumpleaños de Pedro y voy a ir a su fiesta.

David: [3] _____

Alberto: Por la mañana voy a jugar un partido, pero la tarde la tengo libre.

David: Vale, pues podemos ir el sábado y luego te puedes quedar a dormir en mi casa.

Alberto: No sé... Se lo voy a preguntar a mi madre. [4] _____

***

Alberto: Oye, mamá. [5] ¿_____ David al cine el sábado por la tarde?

Mamá: [6] _____

Alberto: [7] ¿_____ luego en su casa?

Mamá: [8] _____, porque el domingo nos vamos a ir temprano al pueblo para comer con los tíos.

Alberto: Bueno... Pues entonces me vengo a dormir a casa.

COMUNICACIÓN Y VOCABULARIO

1 **Lee las definiciones y completa las palabras.**

 1 Abertura en una montaña por donde se expulsan lavas y gases.
V_____

 2 Corriente permanente de agua por un cauce natural. **R**_____

 3 Cada una de las grandes porciones de la superficie terrestre separadas entre sí por océanos. **C**_____

 4 Acumulación permanente de agua, menor que la llamada «mar».
L_____

 5 Porción de tierra rodeada de mar.
I_____

 6 Terreno que queda entre dos montañas o cordilleras. **V**_____

 7 Lugar arenoso, desprovisto de vegetación, poco habitado o poco fértil.
D_____

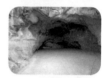 8 Cavidad en la superficie de la tierra o en el interior de ella, natural o artificial.
C_____

 9 Terreno llano con suelo de arena a la orilla del mar. **P**_____

 10 Gran elevación natural del terreno.
M_____

2 **Completa el texto utilizando las siguientes palabras.**

océano • volcán • península • isla • valles • río • desierto
lagos • continente • costa • playas • montaña

España está en una (1) _____ que se encuentra en el (2) _____ europeo.
Su (3) _____ más largo es el Tajo que desemboca en el (4) _____ Atlántico.
Este país tiene bonitas (5) _____ como las de la (6) _____ del Sol.
La (7) _____ más alta es el Teide, que es un (8) _____ activo que se encuentra en la (9) _____ de Tenerife.
España está llena de contrastes. En el norte podemos encontrar preciosos (10) _____, así como (11) _____ en las montañas más altas, mientras que en el sur existen zonas áridas como el (12) _____ de Almería.

3 **¿Cuánto sabes de geografía de España? Haz la prueba.**

1 ¿Qué montaña es más alta?
  a El Aneto   **b** El Teide

2 ¿Cuántas islas tiene el archipiélago canario?
  a Siete   **b** Cinco

3 ¿En qué provincia está la Costa del Sol?
  a Málaga   **b** Barcelona

4 ¿Cómo se llama el conjunto de montañas que separan España de Francia?
  a Pirineos   **b** Montes de Toledo

5 ¿Cómo se llama el desierto que está en Andalucía?
  a Los Monegros   **b** Desierto de Tabernas

6 ¿Qué océano baña la costa oeste de España?
  a Pacífico   **b** Atlántico

7 ¿Dónde está el Lago de Mar?
  a En el Valle de Arán   **b** En Covadonga

8 ¿Dónde se encuentra la Cueva de Altamira?
  a En Lanzarote   **b** En Cantabria

DESTREZAS

 LEER

1 Todas las semanas recibimos correos electrónicos en nuestra revista del instituto contándonos planes de futuro de nuestros lectores. Estos son algunos ejemplos.

Cartas de los lectores

Gloria y Enrique

Las próximas Navidades a mi hermano y a mí nos van a regalar un perro. Mis padres van a adoptarlo a una casa de acogida de animales que está cerca de Valladolid. Nosotros nos vamos a encargar de sacarlo a pasear todas las mañanas antes de ir al instituto y por la noche antes de acostarnos. Va a ser el juguete de la familia, pero sabemos que es una gran responsabilidad.

Jesús

La próxima semana es mi cumpleaños. Estoy muy contento porque voy a ir con mis amigos de compras con el dinero que me van a regalar mis padres. Me voy a comprar unos pantalones vaqueros, una camiseta y una sudadera con capucha. Es la primera vez que vamos a ir de compras solos.

Fabián

Me gusta mucho el ciclismo. Quiero organizar una excursión en bicicleta con mis amigos para el próximo verano. Vamos a buscar distintas sendas en internet. Vamos a dormir en una tienda de campaña y nos vamos a hacer nuestra propia comida. Para poder hacerlo tenemos que ahorrar algo de dinero y sacar buenas notas. ¿Te gusta el plan? ¿Te quieres apuntar?

2 Contesta a las preguntas.

1 ¿Cuándo es el cumpleaños de Jesús?

....

2 ¿Qué va a hacer con el dinero de su cumpleaños?

....

3 ¿Qué les van a regalar a Gloria y a Enrique?

....

4 ¿De qué se van a encargar ellos?

....

5 ¿Con quién va a viajar Fabián el próximo verano?

....

6 ¿Qué tienen que hacer para poder organizar su viaje?

....

ESCUCHAR

3 Escucha los planes de uno de nuestros lectores y contesta a las preguntas.

1 ¿Para cuándo son los planes de Teresa?

....

2 ¿Qué va a hacer para no llegar tarde al instituto?

....

3 ¿Qué va a hacer todas las tardes?

....

4 ¿Le gusta jugar con su ordenador?

....

5 ¿Qué dos planes tiene para mejorar su salud?

....

Biografías

VOCABULARIO

1 Separa las palabras y busca ocho expresiones.

1 casarse
2 nacer
3 acabar los estudios
4 ir al colegio
5 tener hijos
6 encontrar trabajo
7 ir al universidad
8 aprender a conducir

C A S A R S E N A C E R
A C A B A R L O S E S
T U D I O S I R A L C O
L E G I O T E N E R
H I J O S E N C O N
T R A R T R A B A
J O I R A L A U N I
V E R S I D A D A
P R E N D E R A C
O N D U C I R

2 Completa las frases siguientes con una de las expresiones del ejercicio 1 en pretérito indefinido.

1 Mis padres __se casaron__ en 1992 y __nacieron__ su primer hijo en 1995.

2 Yo __fui al colegio__ cuando tenía 5 años.

3 Mi madre __acababo los estudios__ con 18 años y __fue al universidad__ a los 23 años. Después __encontro trabajo__ como profesora de Inglés.

4 Mi padre __aprendio a conducir__ mientras estaba en la universidad.

3 ¿Qué expresiones del ejercicio 1 van con las siguientes imágenes?

1 nacer

2 aprender a conducir

3 ir al colegio

4 casarse

GRAMÁTICA

1 Escribe qué hizo Teo ayer. Usa el pretérito indefinido de los siguientes verbos.

jugar • comprar • ver • ir • hacer • estar • comer

1 _fue_ al instituto.

2 _comió_ una hamburguesa.

3 _jugó_ al baloncesto.

4 _Estuvo_ en la tienda y _compró_ un videojuego.

5 _hizo_ los deberes.

6 _vió_ la televisión.

2 Escribe el pretérito indefinido de los siguientes verbos.

aprender / ellos _aprendieron_

1 casarse / nosotros _nos casamos_
2 vivir / tú _viviste_
3 coger / yo _cogé_
4 acabar / vosotros _acabasteis_
5 tener / él _tuvo_
6 encontrar / tú _encontraste_
7 escribir / ella _escribieron_
8 hacer / yo _hizo_
9 estar / nosotros _estuvimos_

3 Escribe frases con la forma correcta del pretérito indefinido.

1 Yo / casarse / en 1993.
Yo me casé en 1993.

2 ¿(tú) / vivir / en Berlín hace un año?
¿Viviste en Berlín hace un año?

3 Carmen y yo / trabajar / juntas en un instituto de Madrid.
Carmen y yo trabajamos juntas en un instituto en Madrid

4 Mis padres / comprar / una casa en el pueblo.
Mis padres comparon una casa en el pueblo.

5 ¿(vosotros) / ver / el musical ayer?
¿Visteis el musical ayer?

6 Alejandra / aprender / a nadar a los veinte meses.
Alejandra aprendio a nadar a los viente meses

7 Mis amigos y yo / ir / a los Pirineos el verano pasado.
Mis amigos y yo fuimos a los Pirineos el verano pasado

8 Yo / no estar / en casa de Marta.
Yo no estuve en casa de Marta

4 Completa el texto con el pretérito indefinido de los siguientes verbos.

triunfar • participar • trabajar • estudiar • ganar • nacer • empezar • ir

Leonor Watling (1) _nació_ el 28 de julio de 1975 en Madrid. A los ocho años (2) _estudió_ baile clásico, pero lo dejó por una lesión en la rodilla.

Como actriz (3) _empezó_ en obras de teatro amateur. En 1993 (4) _participó_ en el cine con *Jardines colgantes*, de Pablo Llorca.

Posteriormente, Leonor se (5) _fue_ a Londres para estudiar en el Actor's Center. Tras intervenir en varias series televisivas, (6) _trabajó_ con grandes directores como Antonio Mercero, Bigas Luna, Isabel Coixet y Almodóvar, con quién rodó *Hable con ella*, película que le dio gran prestigio.

En 2002 (7) _ganó_ el premio de Fotogramas de Plata con la comedia *A mi madre le gustan las mujeres*, de Daniela Fejerman e Inés París.

Paralelamente a su carrera cinematográfica, Leonor Watling (8) _____ como cantante del grupo Marlango.

5 Completa la conversación con las siguientes palabras.

hicisteis • fuiste • nos • comer • con quién
te • estuve • vimos • después

Elena: ¿[1] _fuiste_ al cine ayer por la tarde?

Irene: Sí.

Elena: ¿[2] _Con quién_ estuviste?

Irene: [3] _Estuve_ con Pablo y [4] _vimos_ *El Libro de la Selva*.

Elena: ¿Y [5] _te_ gustó?

Irene: Pues, la verdad es que no.

Elena: ¿Qué [6] _Después_ [7] _hicisteis_?

Irene: [8] _nos_ fuimos a [9] _comer_ una *pizza*.

6 Traduce las frases a tu idioma.

1 Yo fui al colegio con cinco años.
I went to school when I was five.

2 Mis abuelos tuvieron cuatro hijos.
My grandparents have 4 children.

3 Mi padre se compró un coche hace dos años.
My father brought a car two years ago.

4 Irene hizo los deberes en la biblioteca.
Irene did her homework in the library.

5 Nosotros aprendimos español cuando teníamos 10 años.

6 Sara y tú salisteis juntos hace tres meses.

7 Escribe frases con el verbo en pretérito indefinido y la expresión temporal *hace...*

Yo / tener / última clase de Español / antes de ayer
Yo tuve la última clase de Español hace dos días.

a Yo / tener / flauta travesera / diez años

b El primer disco de los Beatles / salir a la venta / 1963

c J. K. Rowling / escribir / el primer libro de Harry Potter / 1997

d Mi familia y yo / ir / a la playa por última vez / 2007

e Avril Lavigne / nacer / 1984

f Nadal / ganar / su primer Grand Slam / 2005

COMUNICACIÓN

1  Escucha la conversación entre Amanda y Paula y completa las palabras que faltan.

Paula: ¡Hola, Amanda!, ¿[1] _____ estuviste ayer?

Amanda: [2] _____ en casa de Marta, en su [3] _____ de disfraces.

Paula: ¡Ah!, pues no sabía nada. ¿[4] _____ ibas?

Amanda: De bruja. ¿Te acuerdas del disfraz que me [5] _____ mi abuela para Carnavales?

Paula: Sí, sí, me acuerdo. ¿[6] _____ estuviste?

Amanda: Con Alba, pero ella no se [7] _____ ?

Paula: ¿[8] _____ ?

Amanda: Porque no [9] _____ ningún disfraz para ponerse.

Paula: ¿Te lo pasaste bien?

Amanda: [10] _____ , nos [11] _____ mucho con Jandro, él iba disfrazado de [12] _____ .

 Ahora vuelve a escuchar la conversación y corrige tus respuestas.

2 Practica la conversación anterior y escribe un diálogo similar cambiando la situación y usando el pretérito indefinido y los pronombres interrogativos *¿dónde?, ¿cuándo?, ¿con quién?, ¿cómo?* y *¿por qué?*

3 Por parejas, pregúntale a tu compañero sobre lo que hizo Andrés el fin de semana pasado, fijándote en el dibujo. Utiliza los siguientes pronombres interrogativos.

¿Dónde? • ¿Cuándo? • ¿A qué hora?
¿Con quién? • ¿Cómo? • ¿Qué? • ¿Por qué?

COMUNICACIÓN Y VOCABULARIO

1 Busca en la sopa de letras seis lugares donde puedes desarrollar actividades relacionadas con el mundo del Arte y la Cultura.

```
S W E E J C D I W X C K O I A T
A R O U L S K K M K P U S V C A
L Q G J G S F B I U M I P J A L
A M A J K E X C G P H A L Q D L
D K S S J W D U C O J E A R E E
E S T L X B R C Y O C X T I M R
C R P S Q S W R L X N K Ó H I D
O K H J L O T E A T R O D H A E
N L I B R E R Í A J X U E J D P
C O G M R C H D X C X Q C J E I
I I P D V G W N J U A N I B B N
E Y H C S D V Y D W N C N N A T
R M D M K M J R A K T Q E E I U
T N W A D O E G R K T S J R L R
O O A F A I C E M I B S E J E A
S M A I L S O T C K I A T Q B E
```

2 Une las palabras con las definiciones.

1 ☐ Teatro
2 ☐ Plató de cine
3 ☐ Librería
4 ☐ Sala de exposiciones
5 ☐ Academia de baile
6 ☐ Sala de conciertos

a Tienda de libros.
b Lugar donde se representan obras dramáticas.
c Lugar donde hay música en directo.
d Escuela donde se dan clases de danza.
e Lugar donde se exponen cuadros.
f Lugar donde se ruedan películas.

3 Completa el crucigrama con profesiones artísticas.

Verticales

1 Autor de novelas.
3 Persona que se dedica profesionalmente a cantar.
6 Mujer que representa un personaje en el cine o en el teatro.

Horizontales

2 Persona que crea o interpreta música.
4 Persona que da instrucciones a los actores.
5 Persona que graba las imágenes de una película.
7 Hombre que se dedica a pintar cuadros.

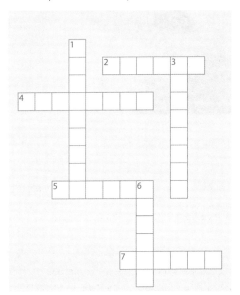

4 Completa las frases con la correspondiente profesión.

1 Mozart fue un genial .... austriaco.
2 Penélope Cruz es una gran ....
3 Dalí es un .... muy conocido.
4 Pedro Almodóvar es un .... español y sus películas son muy conocidas.
5 Julio Bocca es un fantástico .... argentino que trabaja en los ballets más importantes del mundo.
6 Almudena Grandes es una .... que ha escrito sobre la Guerra Civil española.
7 Shakira es una .... muy conocida en todo el mundo.

DESTREZAS

📋 LEER

1 Lee la biografía de Pablo Alborán y contesta a las preguntas.

Pablo Alborán nació el 31 de mayo de 1989 en Málaga (España). Su nombre es Pablo Moreno de Alborán y Fernándiz. Desde muy pequeño empezó a interesarse por la música, por lo que recibió clases de piano, guitarra y canto.

A los doce años compuso sus dos primeras canciones «Amor de barrio» y «Desencuentros», pero Pablo empezó a ser conocido por el público cuando colgó vídeos de sus canciones en YouTube.

El 1 de febrero de 2011 salió a la venta su primer disco *Pablo Alborán*, convirtiéndose en un gran éxito. Ese mismo año, comenzó su primera gira en Madrid y durante los meses siguientes recorrió la mayor parte de la geografía española y varios países latinoamericanos. En noviembre, publicó su segundo disco, *En acústico*.

Tanto, uno de los discos más vendidos en España, se editó en 2012 y consiguió tres discos de platino en la primera semana. En 2014, salió a la venta su disco, *Terral*.

1 ¿Cuándo nació Pablo Alborán?

2 ¿Cuántos años tenía cuando compuso sus primeras canciones?

3 ¿Cuándo empezó a ser conocido Pablo Alborán?

4 ¿Cuál fue el título de su segundo disco?

5 ¿Qué disco fue el más vendido en España en 2012?

3 Usa el texto sobre Pablo Alborán para escribir la biografía de Laura Gallego. No te olvides de usar los conectores y el pretérito indefinido.

1977 – Nace en Valencia el 11 de octubre.

1988 – Empieza a escribir.

1995 – Comienza la carrera de Filología Hispánica en la Universidad de Valencia.

1999 – Gana el premio «Barco de Vapor» con su decimocuarto libro, *Finis Mundi*.

2000 – Termina sus estudios de Filología y consigue la fama con su trilogía *Crónicas de la Torre*.

2004 – Se independiza y escribe su segunda trilogía, *Memorias de Idhún*.

2 Elige la respuesta correcta.

1 Pablo Alborán compuso su dos primeras canciones **con / después** doce años.

2 **Primero / Después** colgó vídeos de sus canciones en YouTube.

3 Dos años **después / hace** editó *Terral*.

4 **En / Con** 2011 salió a la venta su primer disco.

4

En casa y en el colegio

VOCABULARIO

1 Escribe el nombre de los siguiente objetos.

1 ....

2 ....

3 ....

4 ....

5 ....

6 ....

2 Completa las frases.

1 El .... dura nueve meses.

2 ¿Puedes limpiar la pizarra, por favor?

El .... está encima de la mesa.

3 Mi lápiz no tiene punta. ¿Me prestas el ...., por favor?

4 En el .... escribe con lápiz. Si te equivocas, lo puedes borrar.

5 Este profesor nos manda .... para casa todos los días.

3 Completa el crucigrama y adivina cuál es la palabra que está escondida.

1 Nosotros sacamos libros prestados de la ....

2 Cuando tenemos Matemáticas, nos quedamos en el ....

3 Los profesores se reúnen en la ....

4 Los alumnos entregan el sobre de matrícula en ....

5 A la hora del recreo los alumnos salimos al ....

6 Los trabajos de Tecnología los hacemos en el ....

7 La clase de Ciencias Naturales la damos en el ....

8 La clase de Educación Física la damos en el ....

9 Cuando hay una obra de teatro, la vemos en el ....

1		B						
					2		L	
3	S				P			
			4				T	
			5	P				
		6	T					
7		B						
	8		M					
9		L					T	

La palabra escondida es ....

GRAMÁTICA

1 Escribe el pretérito imperfecto de los verbos siguientes.

1 jugar / nosotros _jugábamos_
2 vivir / él _vivía_
3 ir / nosotros _íbamos_

4 saber / ellos _sabían_
5 trabajar / ustedes _trabajaban_
6 hacer / yo _hacía_

7 dormir / ella _dormía_
8 beber / tú _bebías_
9 salir / usted _salía_

2 Completa las frases con el pretérito imperfecto de los siguientes verbos.

vivir • saber • ser (x2) • trabajar • dormir • comer • hacer • ir • tocar • beber • terminar

1 Mi hermano siempre _hacía_ los deberes cuando _terminaba_ la merienda.
2 Antes mi madre _trabajaba_ en un instituto en Fuenlabrada, pero ahora da clases en Valdemoro.
3 En el pueblo de Jesús antes _vivía_ mucha gente.
4 ¿Tú _sabías_ leer con tres años?
5 Andrea y Amanda _eran_ amigas en la guardería.
6 Mi abuela _bebía_ un vaso de vino en las comidas.
7 Yo _dormía_ diez horas cuando _era_ pequeña.
8 ¿Vosotros antes _ibais_ juntos a clase de tenis?
9 Nosotros siempre _comíais_ paella los domingos.
10 Tú antes _tocabas_ la flauta con Pepe.

3 Completa el diálogo. Forma frases comparativas usando los adjetivos que están entre paréntesis.

Ángel: Mañana es el cumpleaños de mi hermana y no estoy seguro de qué libro comprar: _Vigo es Vivaldi_ o _Las luces de septiembre_. El primero tiene solo 190 páginas, por tanto es (1) _____ (corto) que el segundo.

Marta: Pues tu hermana es (2) _____ (lenta) leyendo que tú, ¿por qué no compras _Vigo es Vivaldi_?

Ángel: Ya, pero la historia de Vigo no parece (3) _____ (misteriosa) como la de _Luces de septiembre_, y a ella le gustan los libros de intriga.

Marta: Tienes razón. ¿Es este (4) _____ (barato) que el otro?

Ángel: Creo que sí, pero tendríamos que mirar en otra librería por si tienen (5) _____ (bueno) precio que aquí.

Marta: ¿Vamos a la que está (6) _____ (cerca) del instituto?

Ángel: Vale. Además allí el ambiente es (7) _____ (ruidoso) y el dueño es (8) _____ (simpático).

4 Escribe frases comparativas con las palabras, como en el ejemplo.

Comer fruta / sano / comer bollos   _Comer fruta es más sano que comer bollos._

1 Esquiar / peligroso / nadar

2 Hacer deporte / bueno / jugar al ordenador

3 Pau Gasol / alto / Messi

4 Avril Lavigne / pequeña / Ricky Martin

5 La clase de Español / divertida / la clase de Ciencias Sociales

6 Escuchar música / interesante / ir de compras

5 Mira los dibujos y compara lo que se hacía antes y lo que se hace ahora, usando el pretérito imperfecto y el presente.

Antes *ellos iban en tren* y ahora *van en coche.*
(ir / ellos)

1 Antes _tenían máquinas de escribir_ y ahora _tenemos ordenadores_ (tener / nosotros)

2 Antes _vivía en una casa_ y ahora _vivo en un departamento_ (vivir / yo)

3 Antes _jugabas fútbol_ y ahora _juegas tenis_ (jugar / tú)

4 Antes _comía dulces_ y ahora _come fruita_ (comer / él)

5 Antes _escribíais_ cartas y ahora _escribáis_ correos electrónicos. (escribir / vosotros)

6 Observa las fotografías y escribe frases comparativas usando los adjetivos entre paréntesis.

El CLIO es más pequeño que el FERRARI. (pequeño).

1 .... (rápido)

2 .... (grande)

3 .... (caro)

4 Yo creo que ....
.... (bueno)

5 .... (lento)

6 En mi opinión, ...
.... (malo)

7 Traduce las frases a tu idioma.

1 Penélope Cruz es mayor que Keira Knightley.

2 Rafa Nadal es mejor que Ferrer.

3 Brasil es más grande que España.

4 Avril Lavigne escribía canciones cuando tenía doce años.

5 Lara iba al colegio en autobús.

6 Leonardo da Vinci sabía mucho de ciencia, de arte, de arquitectura…

7 Mis abuelos trabajaban en el campo.

8 Antes me gustaba el *rock* y ahora me gusta el *pop*.

8 Escribe frases comparando los siguientes elementos y usando la forma comparativa de los adjetivos entre paréntesis.

Jugar al tenis / correr (aburrido)

Correr es más aburrido que jugar al tenis.

1 Mi hermano / yo (grande)

2 Keira Knightley / Jessica Alba (guapa)

3 Fernando Alonso / Massa (bueno)

4 Ver una película / leer un libro (emocionante)

5 Estudiar matemáticas / estudiar español (fácil)

9 Une las frases utilizando el comparativo de los adjetivos, como en el ejemplo.

María está disgustada. Paula está muy disgustada.

Paula está más disgustada que María.

1 Raquel está muy nerviosa. Ana no está tan nerviosa.

Ana ....

2 Javier es muy hablador. Blanca también es muy habladora.

3 Tu ordenador es bueno. El mío es muy bueno.

4 Andrea es muy tímida. Jorge es tímido.

Jorge ....

COMUNICACIÓN

1 Los alumnos del Instituto Villa de Leganés están haciendo un estudio de cómo era la escuela en tiempos de sus abuelos. Lee la entrevista que ha hecho Luis a su abuela Carmen y relaciona cada pregunta con su respuesta.

Luis: Carmen, tú naciste en Rioseco, un pueblo de Valladolid, ¿podrías contarnos cómo era la escuela cuando tú eras pequeña?

Carmen: Pues claro que sí. Estoy encantada de recordar esos tiempos. Tengo que decir que yo tuve mucha suerte de ir a la escuela, porque otros niños tenían que trabajar y ayudar a sus familias.

Luis: (1) ¿——————————?

Carmen: No, había dos escuelas, una para los niños y otra para las niñas.

Luis: (2) ¿——————————?

Carmen: Llevábamos una cartera y solo usábamos un libro que se llamaba «La Enciclopedia».

Luis: (3) ¿——————————?

Carmen: La Historia era mi favorita.

Luis: (4) ¿——————————?

Carmen: Creo recordar que llevábamos babi (un vestido para no mancharnos).

Luis: (5) ¿——————————?

Carmen: No. No teníamos ni calculadora.

Luis: (6) ¿——————————?

Carmen: Los chicos jugaban a las canicas y las chicas a la cuerda. Luego hacíamos los deberes.

Luis: (7) ¿——————————?

Carmen: Creo que no se lee suficiente. Hay que quitar horas a la televisión y al ordenador y dedicarlo a la lectura.

- ¿Teníais ordenadores en el aula?
- ¿Qué hacíais después del colegio?
- ¿Cuál era tu asignatura favorita?
- ¿Los niños y las niñas estaban juntos en la misma clase?
- ¿Estás de acuerdo con que los adolescentes deben leer más?
- ¿Llevabais mochila al colegio?
- ¿Teníais que llevar uniforme?

2 🔊 Escucha y corrige tus respuestas.

3 Busca dentro de la clase a alguien que de pequeño...

1 jugaba en el parque.
2 llevaba uniforme en el colegio.
3 le gustaba leer.
4 practicaba un deporte tres veces a la semana.
5 no hacía los deberes.
6 leía mucho.

COMUNICACIÓN Y VOCABULARIO

1 **Mira las banderas. Escribe los países, las nacionalidades y los idiomas.**

Capital: Washington D.C.
País: ....
Nacionalidad: ....
Idioma: ....
1

Capital: Quito
País: ....
Nacionalidad: ....
Idioma: ....
4

Capital: Bucarest
País: ....
Nacionalidad: ....
Idioma: ....
2

Capital: Tokio
País: ....
Nacionalidad: ....
Idioma: ....
5

Capital: Brasilia
País: ....
Nacionalidad: ....
Idioma: ....
3

Capital: París
País: ....
Nacionalidad: ....
Idioma: ....
6

2 **¿Qué país visitarías para encontrar alguna de las antiguas y nuevas maravillas del mundo?**

Brasil • Italia • Jordania • España • China • India • Perú • Grecia • Egipto • Chile

1 Las Pirámides   2 Machu Picchu   3 La Gran Muralla   4 El Coliseo   5 El Cristo Redentor

....

6 El Taj Mahal   7 El Partenón   8 Petra   9 La Isla de Pascua   10 La Alhambra

....

3 **Rodea con un círculo la palabra correcta.**

1 Varsovia es la capital de **Polonia / polaca**.

2 El cuscús es una comida típica de **marroquí / Marruecos**.

3 Múnich es una ciudad **Alemania / alemana**.

4 Los canguros son de **australianos / Australia**.

5 El flamenco se baila en **España / español**.

6 El sushi es una comida **Japón / japonesa**.

7 **Argentina / argentino** está en América del Sur.

8 Nelson Mandela era **Sudáfrica / sudafricano**.

4 **Completa las frases con países, nacionalidades o idiomas.**

1 Christopher es de Manchester. Él es ....
   y habla ....

2 Ellos viven en Casablanca. Ellos son ....
   y hablan ....

3 Yo soy de Zagreb, pero vivo en Ucrania. Yo hablo
   .... y ....

4 Nosotros vivimos en Lisboa, en .... ,
   y hablamos .... Mis abuelos también
   hablan .... porque son de Roma.

5 Mao vive en Pekín. Su país es .... y habla
   ....

DESTREZAS

📋 LEER

1 Lee los textos y únelos con la foto correspondiente.

a

b

c

Irene 2 ☐

«Cuando teníamos diez años, Elena y yo ya íbamos al Conservatorio de Música todas las tardes de lunes a viernes y estudiábamos tres horas. Ahora Elena toca la guitarra española y yo el violín. Como son dos instrumentos difíciles, también tenemos que practicar los fines de semana».

María 1 ☐

«Yo por las mañanas estudio en el Real Conservatorio de Danza. Tenemos clases de Danza Clásica, Española y Música. Por la tarde voy al instituto y estudio las mismas asignaturas que los demás alumnos, excepto Música. Tengo catorce años y ya he bailado en el Teatro de Valladolid. Creo que soy mejor en Danza Clásica que en Danza Española».

2 Lee los textos de nuevo y contesta a las preguntas.

1 ¿Qué asignatura no estudia María en el instituto?

2 ¿Qué tipo de danza prefiere María?

3 ¿Cuántos años tenía Irene cuando iba al Conservatorio de Música?

4 ¿Quién toca el violín?

5 ¿Con qué frecuencia entrena Gema?

6 ¿Qué hace Gema los sábados por la mañana?

Gema 3 ☐

«Yo estudio por las mañanas en un colegio, y los lunes, miércoles y viernes por la tarde voy a la Escuela de Fútbol del Barcelona a entrenar durante dos horas. Los sábados por la mañana juego un partido contra otros equipos. Mi sueño es jugar algún día en el primer equipo del Barcelona».

3 **¿Cuál de las tres escuelas prefieres? ¿Por qué?**

El tráfico en mi ciudad

VOCABULARIO

1 Completa el crucigrama.

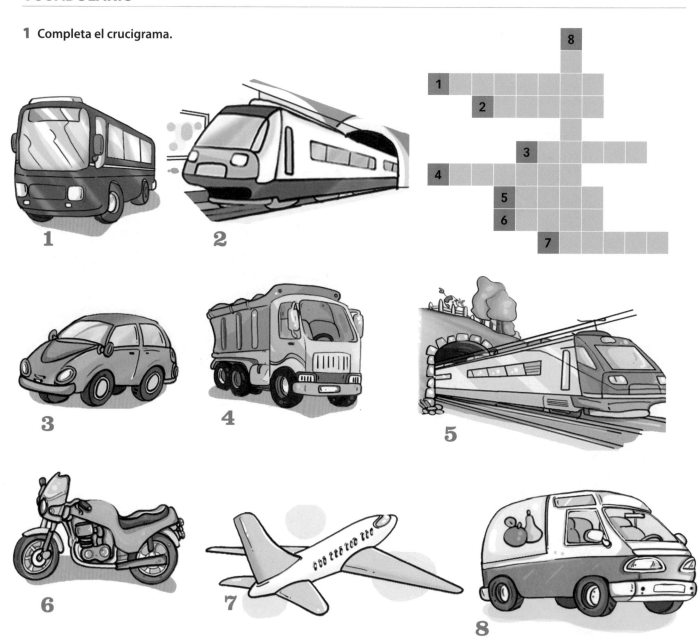

2 Completa las frases con un medio de transporte.

1 Los aviones son más rápidos que ....

2 La moto es más ruidosa que ....

3 El coche contamina más que ....

4 En el metro pueden viajar más personas que ....

5 El taxi es más cómodo que ....

6 El tranvía es más seguro que ....

3 Mira el dibujo y completa las etiquetas con las siguientes palabras.

puente · semáforo · peatón
acera · paso de cebra · señal de tráfico

4 Completa las frases con las palabras del ejercicio anterior.

1 El .... anda por la ....

2 No puedes cruzar con el .... en rojo.

3 Los coches tienen que ceder el paso a los peatones en el ....

4 Muchas .... son internacionales.

5 En mi ciudad hay tres .... que cruzan el río.

GRAMÁTICA

1 Completa con el imperativo de los siguientes verbos.

no poner · escribir · comprar · no decir · cerrar · no ir · hacer · no venir · salir · no beber

1 .... más tarde de las diez de la noche. (tú)

2 .... la cama antes de ir al instituto. (tú)

3 .... por la puerta de atrás, por favor. (usted)

4 .... tan deprisa, se puede caer. (usted)

5 .... los pies encima de la mesa. (tú)

6 .... tu número de teléfono en esta ficha. (usted)

7 .... tonterías que no te creemos. (tú)

8 .... la ventana, por favor. (usted)

9 .... el agua tan fría. (tú)

10 .... el pan cuando salgas del colegio. (tú)

5

2 Mira las fotos y usa el imperativo afirmativo y negativo de los siguientes verbos.

usar (x2) • hablar • cruzar (x2) • respetar

1 (usted) ....

2 (tú) ....

3 (usted) ....

4 (tú) ....

5 (usted) ....

6 (tú) ....

3 Ordena las palabras y forma preguntas.

1 ¿ / estudiantes / hay / en / cuántos / tu / clase / ?

2 ¿ / calle / hay / bancos / tu / en / ?

3 ¿ / ventanas / en / clase / hay / cuántas / tu / ?

4 ¿ / tu / televisiones / casa / en / hay / cuántas / ?

5 ¿ / mucho / en / tráfico / ciudad / tu / hay / ?

Ahora contesta a las preguntas anteriores.

1 ....
2 ....
3 ....
4 ....
5 ....

4 Completa las frases con *hay / está / están*.

1 .... mucho tráfico en Madrid y la ciudad .... muy contaminada.

2 • ¿Dónde .... una biblioteca?
■ La más cercana .... al lado del instituto.

3 • ¿Qué .... en tu mochila?
■ .... mis libros y mis pinturas.

4 • ¿Dónde .... mi móvil?
■ .... uno encima de la cama.

5 • ¿........................ un restaurante por aquí cerca?
■ .... uno al final de la calle.

6 • ¿........................ tus amigos en el parque?
■ No, no .... nadie allí.

7 • ¿........................ la moto de Antonio en el garaje?
■ Creo que sí. .... una moto azul y un coche.

8 En mi calle .... una parada de autobús. .... junto al paso de cebra.

9 En mi instituto .... muchos ordenadores. .... en la sala de Informática.

10 Voy a dar una vuelta en bici. Por favor, tráeme el casco. .... en mi habitación, encima de la cama.

5 Traduce las frases a tu idioma.

1 Hay muchos niños en la plaza.

....

2 La librería está al final de la calle.

....

3 Haz los deberes todos los días.

....

4 No salgas de casa sin el móvil.

....

5 Llévate el casco para la bicicleta.

....

6 ¿Dónde están mis fotos?

....

7 En esta avenida no hay semáforos.

....

8 Cruza por el paso de cebra.

....

6 Mira los dos dibujos y describe lo que ves en cada uno de ellos.

1

2

COMUNICACIÓN

1 **Mira el mapa. Di si las siguientes frases son verdaderas (V) o falsas (F).**

1 ☐ La Plaza de Cataluña está entre el Paseo de Gracia y La Rambla.

2 ☐ La Casa Batlló está al lado de la Casa Amatller.

3 ☐ El Museo Textil está enfrente del Museo Picasso.

4 ☐ La Casa Milá está cerca de la Catedral.

5 ☐ El Palau de la Música está en la Plaza Nova.

2 **Relaciona las señales con las instrucciones.**

a ☐ Sigue todo recto

b ☐ Tuerce a la izquierda

c ☐ Tuerce a la derecha

3 🔊 **Escucha el siguiente diálogo. ¿Dónde quiere ir Manuel?**

4 🔊 **Escucha de nuevo y completa el diálogo con las siguientes palabras.**

cerca · izquierda · Rambla · Nova · Catedral (x2)
al lado · Cataluña · todo recto

Manuel: ¿Perdone, es esta la Plaza de [1] .... ?

Señora: Sí, es esta.

Manuel: ¿Puede decirme cómo se va a la [2] .... ?

Señora: Sí, por supuesto. Está muy [3] ....
Baja por La [4] ...., coge la cuarta calle a mano
[5] ...., sigue [6] .... hasta llegar a la
Plaza [7] .... La [8] .... está justo
[9] ....

Manuel: Muchas gracias.

5 **Practica el diálogo del ejercicio 4.**

6 **Imagina que estás en la Plaza de Cataluña. Prepara un diálogo con tu compañero para ir al Palau de la Música. Usa como modelo el diálogo del ejercicio 4 (e intenta aprenderlo de memoria) y represéntalo.**

CASA MILÁ

CASA AMATLLER
CASA BATLLÓ

PASEO DE GRACIA

PLAZA DE CATALUÑA

FONTANELLA

LA RAMBLA

PUERTA DEL ÁNGEL

PALAU DE LA MÚSICA

AVENIDA DE LA CATEDRAL

LA CATEDRAL

PLAZA NOVA

FERRÁN

JAUME I

PRINCESA

MUSEO PICASSO

VIA LAIETANA

MUSEO TEXTIL

Plaza de Cataluña

Palau de la Música

COMUNICACIÓN Y VOCABULARIO

1 Encuentra ocho palabras relacionadas con el turismo en la siguiente sopa de letras.

I	V	E	F	Ñ	N	J	Z	F	F	B	W
Z	C	K	X	A	R	P	S	C	T	Ñ	Y
E	H	E	J	C	E	E	T	X	R	M	K
E	Z	T	A	N	U	N	Ñ	U	E	F	C
N	E	R	L	I	X	R	F	X	N	Y	R
T	J	O	B	X	X	E	S	Y	G	F	G
R	A	P	E	A	U	C	W	I	V	G	B
A	P	A	R	V	E	Z	U	Z	Ó	I	Z
D	I	S	G	I	O	C	R	A	B	N	H
A	U	A	U	Ó	Q	S	C	L	W	K	G
S	Q	P	E	N	Z	F	D	K	G	Q	P
F	E	T	V	E	T	C	R	I	U	K	N

2 Completa las palabras que faltan.

1 Ayer fuimos de e.. a la montaña.

2 Le vamos a regalar a mis abuelos un v.................... o .... por Europa.

3 Las navidades pasadas estuvimos en un h.................... muy bonito en el centro de Viena.

4 Me encantó el g.................... t.................... que tuvimos durante nuestras vacaciones en Tailandia.

5 Anoche compré los billetes del t.................... por internet. Estaban más baratos.

6 Las e.................... para el partido de fútbol son muy caras.

7 Los amigos de mi hermano Alejandro están organizando una v.................... t.................... por los tejados de la catedral de Santiago.

8 Tengo que hacerme una foto para el p.................... Nos vamos a Toronto.

3 Completa el diálogo con las siguientes palabras.

> entradas • equipaje • avión • pasaporte • albergue • tren • excursión • hoteles

Fátima: ¿Por qué no vamos a Roma estas vacaciones?

Rocío: Me parece muy buena idea. Podríamos ir en (1) ....

Fátima: Vale. Yo me encargo de reservar los vuelos.

Rocío: Yo creo que deberíamos alojarnos en algún (2) .... que esté en el centro de la ciudad, porque los (3) .... son muy caros.

Fátima: No podemos dejar de visitar los Museos Vaticanos, mi hermano estuvo el año pasado y dice que merecen la pena, pero que es necesario reservar las (4) .... por internet, para evitar las colas.

Rocío: A mí también me gustaría hacer una (5) .... a Pompeya, me han dicho que no está muy lejos de Roma. Se puede ir en (6) ....

Fátima: ¿Sabes si vamos a necesitar el (7) ....?

Rocío: No, como somos de la Unión Europea, no hace falta, con el documento de identidad es suficiente. ¡Ah!, no te olvides de llevar solo (8) .... de mano, así nos saldrá más barato el billete.

Fátima: Por otra parte, tampoco tenemos que comprar una guía de Roma porque mi hermano nos deja la suya.

Rocío: ¡Fenomenal! Voy a comentárselo a Laura y a Carmina por si se apuntan.

DESTREZAS

📋 LEER

1 Lee el texto y relaciona las imágenes con los puntos más significativos de la ciudad.

SEVILLA esencial

❶ *La Giralda* □

Símbolo universal de Sevilla y antigua mezquita. Los califas almohades la mandaron construir a finales del siglo xii.

❷ *Torre del Oro* □

Está enfrente del barrio de Triana. Desde ahí los almohades vigilaban la zona portuaria del Guadalquivir.

❸ *Parque de María Luisa* □

La infanta María Luisa, hija de Fernando VII, donó este inmenso jardín romántico a finales del siglo xix.

❹ *Noche flamenca* □

En Sevilla hay muchos «tablaos» de flamenco. Los dos más famosos son Los Gallos y El Patio Sevillano.

❺ *De tapas por Sevilla* □

En las calles que están cerca de la Catedral hay muchos bares que sirven tapas de conservas, montaditos, pescado frito y gazpacho.

2 Lee el texto de nuevo y contesta a las preguntas.

1 ¿Cuál es el símbolo de Sevilla?

_____

2 ¿Quién donó un inmenso jardín a la ciudad?

_____

3 ¿Qué monumento está enfrente del barrio de Triana?

_____

4 ¿Cuáles son los tablaos más famosos?

_____

5 ¿Dónde hay muchos bares?

_____

6 ¿Qué puedes comer en los bares?

_____

✏️ ESCRIBIR

3 Escribe un correo electrónico a la página web «El viajero» de la revista *Adolescentes*, informando sobre los lugares y cosas más interesantes de tu ciudad. No te olvides de poner: nombre, edad, ciudad, monumentos, sitios interesantes y atracciones.

6 ¿Qué te pasa?

VOCABULARIO

1 Mira los dibujos e indica cómo se siente el personaje que encontraste al principio de la unidad. Si lo necesitas, mira las palabras que tienes en el recuadro.

> de mal humor • preocupado
> enamorado • cansado • nervioso
> tranquilo • de buen humor

2 ¿Cómo crees que se siente la gente en estas situaciones? Usa las palabras del ejercicio 1 para completar las frases.

1 Antonio es un niño muy ...., nunca se mete en problemas.

2 Rocío ha corrido 6 km. Ella está ....

3 Belén salió de casa a las siete de la tarde y son las once de la noche. Ella generalmente vuelve a las diez. Sus padres están ....

4 Hoy la profesora de Español nos hace un examen oral y estoy ....

5 Fernando entregó una carta de amor a Gabriela. Él está ....

6 Hoy hace sol y es domingo, estoy ....

7 • ¿Qué te pasa? ¿Estás ....?
   ▪ ¡Es que quiero ir a la playa y está lloviendo!

3 Ordena las letras y forma palabras que se refieran a problemas de salud. Tradúcelas a tu idioma.

1 befrei = ... ; ....

2 erold al baezac = ... ; ....

3 drelo al aspelda = ... ; ....

4 rledo osl ispe = ... ; ....

5 ost = ... ; ....

6 nerte mehbar = ... ; ....

7 ertne orfi = ... ; ....

8 lorde al ratnagag = ... ; ....

4 Completa las frases con la forma correcta de *doler* y *tener*.

1 Mi hermano cenó comida muy picante y hoy .... el estómago.

2 Cuando tenemos gripe, ... la cabeza.

3 En verano yo .... calor por la noche y duermo con la ventana abierta.

4 Voy a cerrar la ventana porque .... frío.

5 Hemos caminado más de dos horas y .... los pies.

6 Jorge toma muchos helados y luego .... la garganta.

7 Hoy no puedo ir al colegio porque .... fiebre.

8 Cuando llevo la mochila durante mucho tiempo, ... la espalda.

6

GRAMÁTICA

1 Completa el texto con la forma correcta del pretérito perfecto.

Rosa Martín [1] _____ (hacer) un montón de cosas peligrosas en su vida. Rosa y sus amigos [2] _____ (escalar) las montañas del Himalaya. Ellos [3] _____ (correr) en muchas carreras. Rosa [4] _____ (nadar) en el mar rodeada de tiburones y [5] _____ (cruzar) el desierto en moto. También ella [6] _____ (ayudar) a muchos animales en sus viajes a África.

[7] _____ (escribir) un libro contando sus aventuras. Pero Rosa nunca [8] _____ (montar) en avión, porque odia volar.

2 Mira los dibujos y escribe frases diciendo lo que la gente ha hecho o no ha hecho. Usa la forma del pretérito perfecto de los verbos.

Ganar una competición. ❶

✔ Miguel
✗ Sara y Rubén

Miguel ha ganado una competición.
Sara y Rubén no han ganado una competición.

Correr una carrera de 10 km. ❷

✔ Sara y Rubén
✗ Miguel

Nadar en el océano Atlántico. ❸

✔ Sara y Rubén
✗ Miguel

Montar en bicicleta. ❹

✔ Sara y Rubén
✗ Miguel

Hacer judo. ❺

✔ Miguel
✗ Sara y Rubén

Volar en helicóptero. ❻

✔ Miguel
✗ Sara y Rubén

3 Ordena las frases.

1 ha / madre / conmigo / mi / enfadado / se

....

2 caído / se / ha / pero / hecho / no / daño / se / ha / Raquel

....

3 sol / buen / me / humor / el / de / pone

....

4 zapatos / se / Alicia / tacón / los / ha / de / puesto

....

5 se / Andrés / esta / dormido / ha / mañana

....

6 Lisboa / se / casado / mi / ha / en / hermana

....

7 se / niños / todas / comido / los / fresas / han / las

....

8 muy / despertado / me / hoy / he / temprano

....

4 Completa el texto con el pretérito perfecto de los verbos entre paréntesis.

Hoy yo [1] .... (despertarse) muy pronto, [2] .... (ducharse) y [3] .... (ponerse) el vestido que más me gusta porque es el día de San Valentín.

En la clase de Francés, nosotros [4] .... (escribir) cartas de amor, [5] .... (cortar) corazoncitos y [6] .... (adornar) la clase.

Julio [7] .... (caerse) de la silla y un grupo de chicas [8] .... (reírse), pero el profesor [9] .... (enfadarse) un montón.

5 Traduce las frases a tu idioma.

1 Yo nunca he hablado con un famoso.

....

2 ¿Has comido tres piezas de fruta hoy?

....

3 Juan ha enviado un correo electrónico a Elena.

....

4 ¿Te has divertido en la fiesta de carnaval?

....

5 Mis amigos han participado en la maratón.

....

6 Julia ha tenido fiebre y dolor de garganta.

....

7 Me he disfrazado de pirata.

....

8 María y Alba se han levantado a las seis de la mañana.

....

6 Escribe preguntas usando el pretérito perfecto y contesta.

¿tú / perder el autobús escolar hoy?

• *¿Has perdido el autobús escolar hoy?*

▪ *No, no lo he perdido.*

1 ¿tú / estar en algún programa de televisión?

• ....

▪ ....

2 ¿tú / ver alguna película de Penélope Cruz?

• ....

▪ ....

3 ¿tu profesor / escribir un blog?

• ....

▪ ....

4 ¿tus amigos y tú / hablar con un actor?

• ....

▪ ....

5 ¿Javier Bardem y Penélope Cruz / trabajar juntos en alguna película?

• ....

▪ ....

6 ¿tu madre / estudiar español?

• ....

▪ ....

COMUNICACIÓN

1 Relaciona las fotos con las actividades que aparecen debajo.

a ☐ comer fruta y verdura   c ☐ hacer ejercicio   e ☐ comer «comida basura»   g ☐ beber alcohol

b ☐ fumar   d ☐ ver la televisión   f ☐ ir al colegio andando   h ☐ lavarse los dientes

2 Pon las actividades del ejercicio 1 en el lugar correcto.

Saludable	
No saludable	

3 Los alumnos del Instituto «Los Almendros», de Santander, están haciendo una encuesta para la revista del instituto sobre hábitos saludables. Primero responde tú a las preguntas y luego pregunta a tu compañero. **¿Quién lleva una vida más sana?**

1 ¿Desayunas antes de ir al colegio?

Yo: ....

Mi compañero: ....

2 ¿Qué tomas en el desayuno?

Yo: ....

Mi compañero: ....

3 ¿Tomas fruta y verdura fresca todos los días?

Yo: ....

Mi compañero: ....

4 ¿Haces ejercicio tres veces a la semana?

Yo: ....

Mi compañero: ....

5 ¿Qué deporte practicas?

Yo: ....

Mi compañero: ....

6 ¿Cómo vas al instituto?

Yo: ....

Mi compañero: ....

7 ¿Cuántas veces al día te lavas los dientes?

Yo: ....

Mi compañero: ....

8 ¿Cuántas horas duermes?

Yo: ....

Mi compañero: ....

9 ¿Has fumado alguna vez?

Yo: ....

Mi compañero: ....

10 ¿Qué bebes cuando sales con tus amigos?

Yo: ....

Mi compañero: ....

COMUNICACIÓN Y VOCABULARIO

1 Completa el crucigrama.

Vertical

1 Desacuerdos.
3 Apariencia física.
5 Alguien que no come carne.
6 Tipo de comida habitual.
7 Cuando una persona persigue o molesta constantemente a otra.

Horizontal

2 Cansancio mental por el exceso de trabajo.
4 Lo contrario de enfermedad.
8 Trato o unión que hay entre dos o más personas.
9 Exceso de peso, gordura.

2 Escribe las siguientes frases o palabras en la columna correcta.

practicar deporte • comer fruta y verdura • hablar con los padres
dormir suficiente • hacer ejercicio • pasear
relacionarse con los amigos • preocuparse por la imagen

Hábitos saludables	Vida social

3 **Completa el texto con las siguientes palabras.**

proteínas • practico deporte • dieta • fruta y verdura
estresada • discuto • hago ejercicio • vida social • vegetariana

Yo creo que tengo una (1) .... sana. Soy (2) .... y como mucha
(3) ...., pero mis padres me dicen que no tomo suficientes (4) ....

En el instituto (5) .... dos veces a la semana. Me gusta mucho el baloncesto
y algunos sábados juego un partido con mis amigos del barrio. Los domingos también
(6) ...., salgo a correr con mi hermano por el parque o doy una vuelta con la bici.

Cuando tengo muchos exámenes, no tengo (7) ...., me paso todas las tardes
estudiando y como estoy muy (8) ...., a veces (9) .... con mis padres
por cosas sin importancia.

4 **Contesta a las siguientes preguntas sobre tu estilo de vida.**

1 ¿Cuántas piezas de fruta comes al día?

....

2 ¿Come suficientes proteínas?

....

3 ¿Cuántos deportes practicas?

....

4 ¿Cómo vas al colegio?

....

5 ¿Qué haces cuando estás estresado/-a?

....

6 ¿Qué haces en tu tiempo libre?

....

DESTREZAS

📋 LEER

1 **El Instituto «Villa de Valdemoro», celebra todos los años un *cross* donde participan alumnos y profesores. Lee la entrevista que uno de los alumnos ha hecho a Alberto Sánchez, profesor de Educación Física y organizador del *cross*.**

Inés: ¿Cómo y de quién surgió la idea de hacer el *cross* todos los años?
Alberto: La idea surgió en 1993. Ese año estaba estudiando en el centro el atleta
  Jesús España y, motivados por su presencia, un profesor de Literatura y un profesor
  de Biología diseñaron un circuito y promovieron la participación de todos.
Inés: ¿Cuáles son las distancias aplicadas a cada categoría?
Alberto: Para los pequeños, de 1.º y 2.º de ESO, 2000 metros. Para los mayores, de 3.º
  de ESO en adelante, 5000 metros.
Inés: ¿Qué se pretende al llevar a cabo esta actividad?
Alberto: Se pretende fomentar el deporte y la participación de los alumnos.
Inés: El número de participantes ¿aumenta o disminuye cada año?
Alberto: La cifra suele estar entre 200 y 500. Este año han participado 456.
Inés: ¿Ha habido algún incidente grave algún año: caídas, lesiones, ...?
Alberto: No suele haber incidentes graves porque la ambulancia recorre el camino
  con los participantes.

2 Lee el texto de nuevo y contesta a las preguntas.

1 ¿Cuándo surgió la idea del *cross*?

2 ¿Qué atleta estaba estudiando ese año en el centro?

3 ¿Quiénes organizaron el primer circuito?

4 ¿Cuántos metros recorren los de 1.º y 2.º de ESO?

5 ¿Qué se pretende con la actividad?

6 ¿Cuántos participantes han corrido este año?

7 ¿Ha habido algún incidente grave algún año? ¿Por qué?

ESCUCHAR

3 (6) Escucha la entrevista con Teresa García, la presidenta del club de fans de Rafa Nadal. Contesta a las siguientes preguntas.

1 ¿Cuántos campeonatos de Roland Garros ha ganado Rafael Nadal?

2 ¿Cuántos años tenía cuando ganó la Copa Davis?

3 ¿Ha hecho algún anuncio?

4 ¿Cuáles son sus aficiones?

4 (6) Escucha de nuevo la entrevista y elige la respuesta correcta.

1 Él **ha hecho / no ha hecho** una película.

2 Él ha hecho un anuncio con **Pau Gasol / Dani Pedrosa**.

3 Rafa es una persona **sencilla / infantil**.

4 Una de sus aficiones es **pescar / internet**.

5 Escribe un breve texto sobre tu estilo de vida. Divídelo en tres párrafos.

Primer párrafo: dieta

Segundo párrafo: deportes

Tercer párrafo: vida social

¿A quién se parece?

VOCABULARIO

1 **Escribe el contrario de los siguientes adjetivos.**

1 simpático — antipático
2 tranquilo — activo
3 pesimista — optimista
4 alegre — triste
5 perezoso — ~~trabajador~~
6 educado — vago
7 divertido — aburrido
8 tímido —

2 **Relaciona las definiciones con los siguientes adjetivos.**

tranquila · divertida · ordenada · activa · tímida · simpática · optimista · alegre

1 Una persona que tiene mucha energía. activa
2 Una persona que siempre está contenta. alegre
3 Una persona que es agradable con la gente. simpatica
4 Una persona que no se pone nerviosa. ~~divertida~~ tranquila
5 Una persona graciosa y animada. divertida

6 Una persona que siempre ve el lado positivo de las cosas.
optimista
7 Una persona que es organizada y tiene las cosas en su sitio.
ordeneda
8 Una persona que habla o se relaciona poco con los demás.
tímida

3 **Completa las frases con los siguientes adjetivos.**

aburrido/-a · tranquilo/-a · alegre · activo/-a · nervioso/-a
antipático/-a · triste · divertido/-a · perezoso/-a · tímido/-a

1 Mi hermano está siempre contento: es una persona
alegre. Pero mi hermana nunca sonríe: ella
siempre está t ranquilo

2 Eva no para de hacer cosas: ella es muy antipatica
A Carlos le encanta estar en la cama: él es perezoso

3 Andrea no es muy amable, es un poco aburrido

4 Cuando yo estoy con gente que no conozco, soy
triste

5 Manuel siempre quiere estar en casa y no sale con los
amigos, es un activo. Sin embargo, su primo
Juan siempre está de fiesta, él es más divertido

6 Aunque soy una persona tímida, los exámenes
me ponen nerviosa

4 **Escoge la forma correcta de *ser* o *estar* + adjetivo.**

1 Hoy **estoy** / **soy** muy alegre porque voy al parque de
atracciones.

2 Mi amiga Marta **está** / **es** una chica muy alegre, siempre
se está riendo.

3 La profesora de Español **está** / **es** una persona muy
divertida, siempre **está** / **es** de buen humor.

4 Mi primo Alberto **es** / **está** un niño muy nervioso, nunca
se está quieto; pero cuando ve la televisión **es** / **está** más
tranquilo.

5 Hoy **estamos** / **somos** aburridos porque no podemos jugar.

6 ¿**Eres** / **Estás** triste porque ha perdido el Real Madrid?

7 Los amigos de mi hermano **son** / **están** muy antipáticos,
nunca me saludan.

8 Vosotros **sois** / **estáis** muy perezosos hoy, no queréis
ayudar a limpiar la casa.

GRAMÁTICA

1 Completa las frases con los pronombres de objeto indirecto *(me, te, se, le, nos, os, les).*

1 Mis padres *me* regalaron un móvil el día de mi cumpleaños.

2 Tenemos un examen de español y Marina *le* está ayudando a Sandra y a mí.

3 ¿A vosotros *os* han dado las notas?

4 Mario y David ganaron la carrera. El director *le* entregó una medalla.

5 A Luisa *les* van a comprar un ordenador nuevo.

6 El coche de mi padre estaba estropeado. La grúa *se* lo llevó.

7 ¿*Le* ha dicho Luis que no va al concierto? (a ti)

8 La noche de Halloween Pedro *nos* contó una historia de miedo. No pudimos dormir.

2 Usa un pronombre de objeto indirecto, como en el ejemplo.

Voy a comprar un libro. (a Irene)
Le voy a comprar un libro.

1 Mi abuela hace la comida. (a nosotros)
Mi abula nos hace la comida

2 Quiero regalar unas flores. (a mis padres)
Quiero os regalar unas flores.

3 Juan ha preparado una sorpresa. (a mí)
Juan me ha preparado una sorpresa

4 El profesor enseña Inglés. (a vosotros)
El profesor os enseña a Inglés.

5 Amanda ha prestado tres euros. (a ti)
Amanda te ha prestado tres euros.

6 El padre de Inés pagó los bocadillos. (a nosotros)
El padre de Inés nos pagó los bocadillos.

7 He mandado un wasap con la información del viaje. (a vosotros)
Os he mandado un wasap con la información del viaje

3 Contesta como en el ejemplo.

• ¿Le has traído la película a Paloma?

▪ *Sí, ya se la he traído.*

1 • ¿Le has dado el justificante a la profesora?
▪ ....

2 • ¿Nos han enseñado el examen de matemáticas?
▪ ....

3 • ¿Os han dado la autorización para ir a la excursión?
▪ ....

4 • ¿Les has llevado los diccionarios?
▪ ....

5 • ¿Te han puesto internet en casa?
▪ ....

6 • ¿Os han comprado el nuevo libro de Harry Potter?
▪ ....

7 • ¿Nos han traído la comida?
▪ ....

8 • ¿Le han hecho los deberes?
▪ ....

4 Haz preguntas y responde como en el ejemplo.

camiseta bonita / regalar / a ti

mi tía

- *¡Qué camiseta tan bonita! ¿Quién te le ha regalado?*
- *Me la ha regalado mi tía.*

1 • bizcocho bueno / hacer

■ yo

- ....
- ....

2 • cuadro bonito / pintar

■ mi hermana

- ....
- ....

3 • chaqueta elegante / prestar / a ti

■ mi amiga Eva

- ....
- ....

4 • cartas divertidas / enviar

■ mis amigos de Barcelona

- ....
- ....

5 • gafas modernas / comprar / a ti

■ mi madre

- ....
- ....

6 • móvil caro / regalar / a ti

■ mis abuelos

- ....
- ....

7 • poesía romántica / escribir / a ti

■ mi novio/-a

- ....
- ....

5 Rodea con un círculo el pronombre correcto.

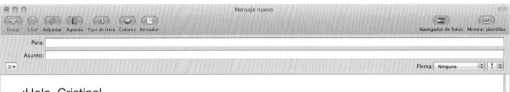

¡Hola, Cristina!

¡Hoy ha sido un día maravilloso! ¡He estado en el concierto Rock in Rio con Jorge y sus amigos.

¿Por qué no has venido? ¿No [1] **se / te** han dejado tus padres?

El dinero para comprar la entrada me [2] **le / lo** ha dado mi abuela. Hemos bailado y hemos comido unos bocadillos riquísimos que [3] **os / nos** ha preparado la madre de Jorge. Hemos visto a Alejandro Sanz porque estábamos muy cerca del escenario, ya que mi hermano [4] **se / me** recomendó llegar pronto.

Jorge se ha llevado su cámara digital. [5] **Se / Me** la han regalado sus tíos. Hemos hecho muchas fotos, ya [6] **se / te** las enseñaré.

Sara

P.D. Todavía no [7] **le / les** he dicho a Alba y Amanda lo del parque de atracciones.

6 Traduce las frases a tu idioma.

1 Mis primos me han traído una gorra de Londres.
My cousins have brought me a hat from London.

2 Elena le ha regalado un vestido naranja.
Elena gave her an orange dress.

3 Les he enviado las fotos de Venecia.
he sent me fotos of Venice

4 Juan nos ha invitado a su fiesta.
Juan invited us to his party

5 ¿Te ha dado María el el dinero para el regalo de Luis?
Who will give Maria the money for Luis's present.

6 Le voy a comprar una revista de ciclismo.
I am going to buy a cycling magazine

7 Mi abuela nos hizo una tarta de chocolate.
My grandma made us chocolate cake

8 Pablo está alegre porque su tía le ha prestado 100 euros.
Pablo is happy because his aunt lent him £100.

7 Sustituye el objeto directo e indirecto por el pronombre correspondiente, como en el ejemplo.

- ¿Quién <u>le</u> dio <u>el regalo</u> a <u>Pablo</u>?
- *Se lo dio* María.

1 • ¿Quién <u>les</u> hizo <u>las fotos</u> a los niños.
  ▪ .... el tío Juanjo.

2 • ¿<u>Le</u> dijiste <u>a tu hermano</u> <u>lo que pasó</u>?
  ▪ No, no ....

3 • ¿Quién <u>te</u> ha contado <u>la noticia</u>?
  ▪ .... Ángel.

4 • ¿Cuándo <u>te</u> ha comprado <u>el móvil</u> tu padre?
  ▪ .... el mes pasado.

5 • ¿Quién <u>te</u> ha enviado <u>esos paquetes</u>?
  ▪ .... mi abuela.

6 • ¿Cuándo <u>te</u> ha enseñado Irene <u>el vestido</u>?
  ▪ .... esta mañana.

7 • ¿<u>Te</u> han dado ya <u>el premio</u>?
  ▪ Sí, ya ....

8 • ¿Quién <u>os</u> preparó <u>la fiesta de cumpleaños</u>?
  ▪ .... nuestra hermana mayor.

9 • ¿Quién <u>le</u> planificó <u>el viaje</u>?
  ▪ .... Mario, su mejor amigo.

COMUNICACIÓN

1 Relaciona las fotos con las descripciones.

Es una persona muy activa, un poco nerviosa y divertida. Es bajo y tiene el pelo con canas. Ha rodado muchas películas y ha conseguido un Óscar por la película *Volver*. ☐

Es una persona optimista, alegre y amable. Es moreno y tiene los ojos grandes y marrones. Tiene una hija con una gran actriz. Se separó de ella en 2014. ☐

Es una persona tranquila, simpática y generosa. Es alto, fuerte y moreno. Su madre es actriz y él consiguió un Óscar en 2008. ☐

2 Describe a dos famosos. Tu compañero tiene que adivinar quiénes son. Puedes usar como modelo el ejercicio 1.

3 Lee el diálogo y complétalo con los siguientes elementos.

> creo que • vamos a • no estoy seguro • es una buena idea
> qué tal si • tienes planes • nos vemos • por qué no • vale

Carlos: Hola, Belén. ¿[1] _____ para el viernes que viene?

Belén: No, el viernes no tengo plan.

Carlos: Estrenan la última película de Javier Bardem. ¿[2] _____ verla?

Belén: Sí. ¿Compro yo las entradas?

Carlos: De acuerdo. ¿Y [3] _____ quedamos a cenar antes del cine?

Belén: [4] _____, tenemos tiempo antes de ver la película.

Carlos: [5] _____ hay un restaurante italiano al lado del cine.

Belén: [6] _____, pero si no, yo conozco un mexicano. ¿Entonces te paso a buscar y vamos en coche?

Carlos: ¿[7] _____ vamos mejor en autobús?, son solo dos paradas.

Belén: Sí, [8] _____, que luego se aparca muy mal.

Carlos: Bien, pues entonces [9] _____ el viernes que viene, a las ocho.

Belén: ¡Sí, nos vemos el próximo viernes!

COMUNICACIÓN Y VOCABULARIO

1 **Encuentra cinco verbos en la serpiente de palabras.**

SAPERDERMTODOLVIDARSEGUPASARBONARELACIONARSEFORMCOMUNICARSE

1 .... 2 .... 3 .... 4 .... 5 ....

2 **Relaciona las columnas para formar expresiones.**

1	echar		a	el tiempo
2	participar		b	parte de un equipo
3	perder		c	de menos
4	formar		d	el tiempo
5	aprovechar		e	en una reunión

3 **Completa la conversación con las siguientes expresiones.**

echo de menos · relacionarme · olvídate · participar
formábamos parte · nos reunimos · comunicarnos
aprovechar el tiempo · pasabas el tiempo

Marina: Este fin de semana quiero (1) ....
para estudiar Historia y poder ir al teatro a ver *La Casa de
Bernarda Alba*.

Guillermo: ¡Qué buena idea! A mí también me gustaría ir.
¿Te acuerdas cuándo (2) .... del grupo de
teatro del instituto?

Marina: Claro que me acuerdo. Yo era muy tímida y me vino
muy bien actuar para (3) .... con los demás.

Guillermo: Ya lo creo. Al principio te costaba mucho y te
(4) .... aprendiéndote el diálogo de todos
los personajes.

Marina: Cuando subía al escenario, lo pasaba fatal y
Eduardo, el profesor de Lengua, me decía: «¡Puedes
hacerlo, (5) .... del público!».

Guillermo: ¡Cómo (6) .... esa época! ¿Por qué
no contactamos con los del grupo y (7) ....
otra vez?

Marina: Me encantaría. Tengo que localizarlos en Facebook. Por
cierto, dentro de nada es la Semana Cultural. Sería el mejor
momento para quedar con ellos y (8) .... en
los talleres como solíamos hacer antes.

Guillermo: ¡Fenomenal! Cuando localices sus teléfonos,
haremos un grupo de WhatsApp para (9) ....

4 **Elige el verbo correcto: A, B o C.**

1 Cuando tenía doce años, ... del coro de la
escuela de Música.

2 El sábado pasado me .... con mis compañeros
del colegio. Lo pasamos fenomenal.

3 El año pasado mi familia y yo nos fuimos a vivir a
otra ciudad. Al principio estaba muy triste porque
.... a mis amigos.

4 Este año me he propuesto .... en la asociación
de estudiantes.

5 Diego quiere ir a la sierra este fin de semana para
.... de los problemas del trabajo.

6 Yo creo que necesito .... hablando con mi
familia. A veces, cuando llego a casa, me encierro en mi
habitación y no salgo hasta la hora de cenar.

7 A mí me encanta bailar, pero a veces pienso que
.... haciendo *ballet* y danza española.

8 El WhatsApp es una nueva forma de .... entre
los jóvenes.

	A	B	C
1	formé parte	participé	pasé el tiempo
2	olvidé	reuní	perdí el tiempo
3	comunicaba	echaba de menos	olvidaba
4	participar	reunirme	formar parte de
5	relacionarse	aprovechar el tiempo	olvidarse
6	perder el tiempo	pasar más tiempo	comunicarme
7	aprovecho el tiempo	formo parte	pierdo el tiempo
8	echar de menos	relacionarse	reunirse

DESTREZAS

📋 LEER

1 **Lee el texto y relaciona estas preguntas con los párrafos.**

¿Qué hace que tu amiga sea especial?

¿Qué le gusta hacer a tu amiga?

¿Tu amiga es igual o diferente a ti?

¿Podrías describir a tu amiga físicamente?

MI AMIGA MERCE

[1] ....

Tiene el pelo largo y rizado, los ojos verdes y generalmente lleva pantalones vaqueros y camisetas. Sus zapatos favoritos son unas deportivas moradas.

[2] ....

Merce es tranquila, pero yo hablo un montón. También es bastante optimista; yo, sin embargo, a veces soy un poco pesimista.

[3] ....

Es una persona muy alegre y activa, siempre está riéndose y haciendo cosas. Se preocupa mucho por los amigos y sabe guardar un secreto. Por eso es una persona muy especial para mí y me lo paso fenomenal con ella.

[4] ....

Le encanta hacer deporte y aprender idiomas. Ahora quiere estudiar chino. Algunos sábados quedamos para jugar al tenis y otros vamos al cine.

2 **Contesta a las preguntas sobre el texto anterior.**

1 ¿Cómo tiene el pelo Merce?

....

2 ¿Qué ropa lleva generalmente?

....

3 Escribe cinco adjetivos para describir la personalidad de Merce.

....

4 ¿Qué idioma quiere aprender?

....

5 ¿Cuándo juega al tenis?

....

🔊 ESCUCHAR

3 🎧 **Escucha la entrevista con el fotógrafo David Machado y contesta a las siguientes preguntas.**

1 ¿Cuánto tiempo estuvo David en la India?

....

2 ¿Por qué le gusta a David la cara de Naisha?

....

3 ¿Qué adjetivos utiliza el fotógrafo para describir a Naisha?

....

4 ¿De dónde son James y Alice?

....

5 ¿Por qué estaba nervioso James?

....

6 ¿Qué expresa la cara de Alice?

....

Mis rostros favoritos, por David Machado

Naisha

James y Alice

El futuro del planeta

C	A	R	T	E	M	O	R	A	P
O	I	Ñ	Q	W	A	G	A	T	R
N	J	O	N	U	L	F	Z	C	O
T	I	R	A	R	G	O	I	E	T
A	H	O	R	R	A	R	L	R	E
M	E	P	I	R	S	C	I	R	G
I	T	Z	M	E	T	A	T	A	E
N	L	E	Y	B	A	X	U	R	R
A	P	A	G	A	R	O	E	S	G
R	E	C	I	C	L	A	R	T	Q

VOCABULARIO

1 Busca en la sopa de letras ocho verbos que estén relacionados con el medioambiente.

1 ....
2 ....
3 ....
4 ....

5 ....
6 ....
7 ....
8 ....

2 Un instituto de Barcelona está realizando una campaña ecológica. Veamos si tú también proteges el medioambiente. Usando los verbos del ejercicio 1, di lo que debemos y no debemos hacer.

Debemos:

1 .... papel, botellas y ropa.
2 .... agua y energía.
3 .... los animales y las plantas.

No debemos:

1 .... papel, botellas y ropa.
2 .... el aire y el agua.
3 .... agua y energía.

3 Ahora completa los consejos que han escrito los alumnos con los siguientes verbos.

hagas · apaga · dúchate · usa · contaminan
malgastes · ahorra · reciclar · recoge

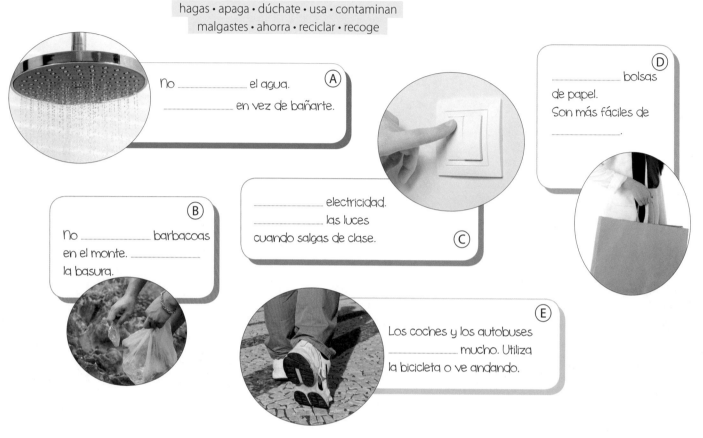

(A) No .... el agua.
.... en vez de bañarte.

(B) No .... barbacoas
en el monte. ....
la basura.

(C) .... electricidad.
.... las luces
cuando salgas de clase.

(D) .... bolsas
de papel.
Son más fáciles de
....

(E) Los coches y los autobuses
.... mucho. Utiliza
la bicicleta o ve andando.

GRAMÁTICA

1 Completa las tablas de los siguientes verbos regulares e irregulares en futuro.

	ir	trabajar	vivir	ser
yo	iré	trabajaré	viviré	seré
tú				
él / ella / Ud.				
nosotros/-as				
vosotros/-as				
ellos / ellas / Uds.				

	hacer	tener	venir	poder
yo	haré			podré
tú			vendrás	
él / ella / Ud.		tendrá		
nosotros/-as				
vosotros/-as				
ellos / ellas / Uds.				

2 Completa las frases con los siguientes verbos en futuro.

no vivir · tener · ser · estudiar
comer · poder · hacer · volar · ir

En el año 2040:

1 Nosotros .... en minihelicópteros.

2 Nosotros .... debajo del agua.

3 La mayoría de las personas .... robots en casa.

4 Todos nosotros .... más viejos.

5 Los niños .... en casa y .... los deberes por internet.

6 Nosotros .... de vacaciones a la luna.

7 Los coches .... conducir solos.

8 Nosotros .... algas e insectos.

3 Haz predicciones sobre estos temas. Escribe una frase afirmativa y otra negativa.

1 Medios de transporte

La gente viajará en helicóptero.

2 El colegio

3 Los ordenadores

4 Las ciudades

5 Las personas

4 Completa las predicciones usando el futuro.

1 Brasil / ganar la copa

2 ¿Llover / en Semana Santa?

3 Mi grupo / grabar un nuevo disco

4 Javier Bardem y Penélope Cruz / hacer una película juntos

5 ¿Tú / tener un hermano?

6 Yo / aprender a conducir

5 Completa la entrevista usando el futuro de los verbos entre paréntesis.

- Silvia, como entrenadora de la joven gimnasta Alicia Sandoval, ¿crees que *será* (ser) famosa algún día?
- Sí. Yo creo que Alicia (1) .... (llegar a ser) campeona olímpica.
- ¿Cómo lo (2) .... (conseguir)?
- Ella (3) .... (trabajar) duro y (4) .... (entrenar) todos los días. Esto (5) .... (no / ser) fácil, pero creo que al final Alicia (6) .... (tener) éxito en su carrera como gimnasta.
- ¿(7) .... (Ganar) una medalla en las próximas olimpiadas?
- No lo sé, pero espero que sí.

6 Relaciona.

1 Si necesitamos comida, …
2 Si te vas a la cama tarde, …
3 Si a Lidia no le gusta la comida china, …
4 Si veo a Diego, …
5 Si hace buen tiempo, …
6 Si usamos el transporte público, …

a … comeremos en un restaurante italiano.
b … contaminaremos menos.
c … iremos al supermercado.
d … le diré que te llame.
e … estarás cansado por la mañana.
f … iremos al parque de atracciones.

7 Elige la forma correcta del verbo.

1 Si **llegamos / llegaremos** tarde, el profesor se **enfada / enfadará**.

2 Si **voy / iré** de compras, me **compro / compraré** unas deportivas nuevas.

3 Si mi novio no me **llama / llamará**, **estoy / estaré** triste todo el día.

4 Te **compro / compraré** un ordenador si **apruebas / aprobarás** los exámenes.

5 No **vamos / iremos** al parque si **llueve / lloverá**.

6 ¿Si te **invitan / invitarán** a la fiesta, **vas / irás**?

7 Si me lo **cuentas / contarás**, no se lo **diré / digo** a nadie.

8 No **iremos / vamos** al fútbol si **hace / hará** frío.

9 Si no te **gustan / gustarán** estos pantalones, te los **cambiarán / cambiaban** por otros.

10 Si **viajas / viajarás** a España, **aprendías / aprenderás** mucho español.

8 Completa las frases con la forma correcta de los verbos entre paréntesis.

1 Si _____ (cerrar / tú) el grifo al lavarte los dientes, _____ (no gastar) tanta agua.

2 Si _____ (dejar / nosotros) vidrio en el monte, _____ (provocar) incendios.

3 Si _____ (tirar / ellos) petróleo al mar, los peces _____ (morir).

4 _____ (ahorrar / nosotros) energía si _____ (usar) bombillas de bajo consumo.

5 _____ (contaminar / tú) menos si _____ (ir) al trabajo en transporte público.

6 Si la gente _____ (reciclar), _____ (producir) menos basura.

7 Si los montes _____ (estar) limpios, _____ (haber) menos incendios.

8 Si _____ (utilizar / nosotros) coches eléctricos, la atmósfera _____ (estar) más limpia.

9 Si _____ (seguir / nosotros) contaminando los ríos, muchas especies de peces _____ (desaparecer).

10 Si _____ (reciclar / nosotros) el papel, no _____ (cortar) tantos árboles.

11 Las ciudades _____ (ser) más tranquilas si _____ (reducir / nosotros) el número de automóviles.

9 Traduce las frases a tu idioma.

1 Inés será maestra, le gustan mucho los niños.

_____

2 Mis padres me comprarán un ordenador.

_____

3 Este verano iremos de vacaciones a México.

_____

4 Si comes verduras y frutas, tu salud mejorará.

_____

5 Si no entendemos el problema de Matemáticas, mi hermano nos ayudará.

_____

6 Si estudias mucho, aprobarás todas las asignaturas.

_____

7 Si termino los deberes pronto, saldré con mis amigos.

_____

8 Mis tíos no tendrán vacaciones este año.

_____

9 ¿Vendrás a la fiesta si te dejan tus padres?

_____

10 Las ballenas no se extinguirán si las empresas que comercian con ellas no las pescan.

_____

COMUNICACIÓN

1 La revista «Verde» ha realizado una encuesta para ver cómo los adolescentes se preocupan por el medioambiente. Contesta a las preguntas.

¿COMPROMETIDO CON EL MEDIOAMBIENTE?

1 Mientras te lavas los dientes cierras el grifo.
a ○ siempre   b ○ a veces   c ○ nunca

2 Apagas las luces cuando sales de la habitación.
a ○ siempre   b ○ a veces   c ○ nunca

3 Si ves un papel en el suelo, lo recoges y lo tiras a la papelera.
a ○ siempre   b ○ a veces   c ○ nunca

4 Cuando vas de excursión al monte, recoges la basura y te la llevas.
a ○ siempre   b ○ a veces   c ○ nunca

5 La calefacción en casa no la pones por encima de los 20 ºC.
a ○ siempre   b ○ a veces   c ○ nunca

6 Cuando vas al colegio, vas andando.
a ○ siempre   b ○ a veces   c ○ nunca

7 En casa separas la basura.
a ○ siempre   b ○ a veces   c ○ nunca

8 Cuando terminas de usar el ordenador o de ver la televisión, no te olvidas de desenchufarlo/-la.
a ○ siempre   b ○ a veces   c ○ nunca

9 Cuando vas al campo, respetas las plantas y los animales.
a ○ siempre   b ○ a veces   c ○ nunca

10 En los parques naturales no das de comer a los animales.
a ○ siempre   b ○ a veces   c ○ nunca

Mayoría de a) ¡Enhorabuena! Estás comprometido con el medioambiente.
Mayoría de b) El medioambiente te preocupa, pero necesitas concienciarte un poco más.
Mayoría de c) Deberías pensar más en las consecuencias de no cuidar nuestro entorno.

Ahora mira los resultados y compara tus respuestas con las de tu compañero.

2 Completa el diálogo con las siguientes frases.

qué te parece • a mí me gustaría • a ella también • yo creo que • me preocupa • a ti no te gustaría

Irene: En el tablón de anuncios del instituto hay programada una salida a la Sierra de Guadalajara para plantar árboles. [1] _____ ir y plantar un roble. ¿[2] _____?

Roberto: Sí, me encantaría, porque [3] _____ mucho la desaparición de los bosques. Pero tenemos muchos deberes para el fin de semana.

Irene: [4] _____ si nos organizamos bien, podemos ir.

Roberto: ¿[5] _____ si se lo contamos a Amanda? [6] _____ le gustaría colaborar.

COMUNICACIÓN Y VOCABULARIO

1 **Completa el crucigrama.**

Horizontal

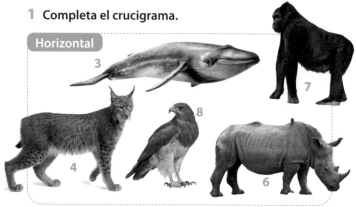

Vertical

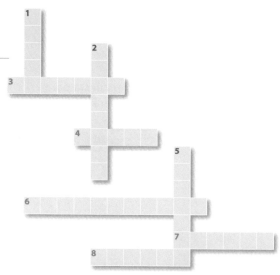

2 **¿Son estos animales mamíferos, reptiles, aves, anfibios o insectos? Subraya el que es diferente.**

1 pingüino – sapo – rana

2 águila – cigüeña negra – oso polar

3 gorila – tortuga – ballena

4 oso polar – abeja – lince

5 águila – rinoceronte – oso panda

3 **Adivina a qué animal en peligro de extinción se refieren estas frases.**

1 Es un felino, más grande que un gato. Su aspecto es robusto, sus patas largas y su cola corta. ⎯⎯⎯⎯⎯

2 Esta ave vive en la Antártida, no vuela pero nada muy bien. ⎯⎯⎯⎯⎯

3 Vive en los bosques de África Central. Tiene mucho parecido con la especie humana. ⎯⎯⎯⎯⎯

4 Es un mamífero que vive en la llanura y tiene cuernos en el hocico. ⎯⎯⎯⎯⎯

5 Es uno de los mamíferos carnívoros terrestres más grandes de la Tierra. Vive en grandes áreas de hielo.
⎯⎯⎯⎯⎯

6 Es un reptil casi tan antiguo como los dinosaurios. Es muy lenta en la tierra y tiene un caparazón.
⎯⎯⎯⎯⎯

4 **Completa los textos con los nombres de animales que correspondan.**

Parque de Cabárceno

El Parque de Cabárceno es un tipo de zoológico muy diferente, donde puedes encontrar cientos de animales en régimen de semilibertad. Está en Cantabria, en el norte de España.

Vamos a realizar una breve visita a algunos mamíferos del parque. Empezamos con este gran mamífero que tiene poca visión, es herbívoro y vive en la sabana africana: se trata del (1) **r** _ _ _ _ _ _ _ _ _ _. Continuamos con el (2) **o** _ _ pardo, omnívoro, que aún lo podemos encontrar en ciertas zonas de montaña en Asia y Europa. En algunos bosques de África Central vive el (3) **g** _ _ _ _ _, uno de nuestros parientes más cercanos. Finalmente, el (4) **l** _ _ _ _, un felino de hábitos nocturnos y elegante presencia.

Faunia

En Madrid es muy interesante la visita a Faunia, un parque temático de naturaleza. Está organizado en áreas que representan diferentes ecosistemas donde encontraremos animales muy curiosos, como los siguientes anfibios y reptiles:

- El (5) **s** _ _ _ gigante, mide hasta 15 centímetros y come prácticamente todo lo que le cabe en la boca.

- La (6) **t** _ _ _ _ _ _ rusa tiene un sentido de orientación extraordinario.

- La (7) **r** _ _ _ azul es una de las más venenosas que existen.

- El (8) **p** _ _ _ _ _ _ _ Rey es muy buen pescador y puede nadar a 12 km/h.

DESTREZAS

LEER

1 Lee el siguiente texto.

Estas bolsas son peligrosas

Las bolsas de plástico desechables son una de las mayores fuentes de contaminación de nuestro planeta.

Bajo el agua, las bolsas de plástico desechables parecen medusas. Los peces, las tortugas marinas, los delfines y las ballenas se confunden y se las tragan. Las bolsas les obstruyen el estómago o los intestinos y les causan la muerte. Unos científicos contaron el número de residuos que flotaban en el Mediterráneo, cerca de la desembocadura del Ródano: de todos esos residuos, cuatro millones eran de plástico.

En España, cada persona utiliza unas 238 bolsas al año, que más o menos equivale a 1,5 kilos de plástico. Parece poco, pero, en conjunto, supone miles de millones de bolsas que pesan miles de toneladas. Estas bolsas se acumulan en vertederos o en las fábricas de incineración y su destrucción es muy cara.

2 Lee de nuevo el texto y contesta a las preguntas.

1 ¿Por qué hay que decir NO a las bolsas de plástico?

2 ¿A qué se parecen las bolsas de plástico debajo del mar? ¿Qué animales se las tragan?

3 ¿Por qué las bolsas de plástico les pueden causar la muerte?

4 ¿Cuántas bolsas de plástico contaron los científicos en la desembocadura del Ródano?

5 ¿Cuántas bolsas utiliza cada persona al año en España?

6 ¿Dónde se acumulan estas bolsas?

ESCUCHAR

3 Escucha la entrevista a Juan Carlos Ruiz y contesta a las preguntas.

1 ¿Cómo se llaman las bolsas de plástico que no están hechas de petróleo?

2 ¿En qué ciudad española se fabrican bolsas con almidón de patata?

3 ¿Qué plantas se utilizarán para construir estas bolsas?

4 ¿Qué inconveniente tienen las bolsas biodegradables?

5 ¿Qué tres soluciones se le ocurren a Juan Carlos Ruiz?

9 Sucesos

VOCABULARIO

1 ¿Recuerdas las palabras de la unidad? Completa con la palabra adecuada.

1 r............................
2 a............................
3 c............................
4 c............................
5 p............................
6 j............................
7 j............................
8 a............................
9 t............................
10 a............................

2 Ordena las sílabas y traduce a tu idioma.

1 ga-a-do-bo: ...., ...

2 go-ti-tes: ...., ...

3 mi-a-rí-co-sa: ...., ...

4 sa- do-a-cu: ...., ...

5 bo-ro: ...., ...

6 do-juz-ga: ...., ...

3 Elige la palabra correcta.

1 La persona que defiende en un juicio a un acusado es:
- ☐ un juez
- ☐ un policía
- ☐ un abogado

2 La persona a quien se culpa de un delito es:
- ☐ el acusado
- ☐ el abogado
- ☐ el testigo

3 El lugar donde se encierra a los criminales es:
- ☐ la comisaría
- ☐ la cárcel
- ☐ el juzgado

4 La persona que mantiene el orden y la seguridad de los ciudadanos es:
- ☐ el abogado
- ☐ el juez
- ☐ el policía

5 La persona que ve una acción criminal es:
- ☐ el juez
- ☐ el testigo
- ☐ el abogado

6 El acto de quitar a alguien lo que le pertenece es:
- ☐ un asesinato
- ☐ un regalo
- ☐ un robo

7 El lugar donde se juzga es:
- ☐ la comisaría
- ☐ el juzgado
- ☐ la cárcel

8 La persona que decide si el acusado es culpable o inocente es:
- ☐ el maestro
- ☐ el abogado
- ☐ el juez

GRAMÁTICA

1 Mira el dibujo y di qué estaba haciendo esta gente en la fiesta.

1 Elena y Ángel ....

2 Ana y Pablo .... un refresco.

3 María .... con Alicia.

4 Pedro .... la guitarra.

5 Yo ....

2 Completa con la estructura *estaba…* + gerundio. Utiliza los verbos que están entre paréntesis.

Anoche tuve un sueño muy extraño. Yo (1) .... (esperar) a Rosa en la puerta del Palacio de los Deportes. De repente vi a un grupo de chicos y de chicas: ellos (2) .... (saltar) al lado de una fuente y ellas (3) .... (gritar). Me acerqué y era el grupo de música Tokio Hotel. Allí todos los componentes del grupo (4) .... (firmar) autógrafos: Bill (5) .... (cantar) y nosotras (6) .... (bailar) como locas.

3 Completa las preguntas para las siguientes respuestas.

1 • ¿Qué ....?
  ▪ Yo estaba haciendo los deberes a las 19:30 h.

2 • ¿Quién ....?
  ▪ Mi padre estaba viendo las noticias.

3 • ¿Dónde ....?
  ▪ Elisa estaba estudiando en la cocina.

4 • ¿.. al fútbol?
  ▪ No. Rafa no estaba jugando al fútbol. Estaba jugando al tenis.

5 • ¿Qué ....?
  ▪ Nosotros estábamos paseando por el parque ayer por la tarde.

4 Elige la forma correcta de los verbos, rodeándola con un círculo.

1 Patricia **leyó / estaba leyendo** una revista cuando el teléfono **sonó / estaba sonando**.

2 Ricardo **corrió / estaba corriendo** por el parque cuando **vio / estaba viendo** el asesinato.

3 Mientras el juez **escuchó / estaba escuchando** al acusado, el abogado **escribió / estaba escribiendo** una nota.

4 Me **encontré / estaba encontrando** el móvil cuando **limpié / estaba limpiando** la habitación.

5 **Estábamos esperando / Esperamos** el autobús cuando **pasó / estaba pasando** el profesor de Español.

6 ¿**Estabais viendo / Visteis** *El Exorcista* cuando os **llamé / estaba llamando**?

7 Tú no **jugaste / estabas jugando** al fútbol cuando me **robaron / estaban robando** el móvil.

8 Gabriela y Alejandro **vivieron / estaban viviendo** en Manchester, cuando **nació / estaba naciendo** Nachete.

9 ¿Mientras Juan **estaba trabajando / trabajó**, tú qué **estabas haciendo / hiciste**?

10 La profesora **explicó / estaba explicando** gramática cuando yo **entré / estaba entrando** en clase.

5 Mira los dibujos y haz frases usando pretérito indefinido o *estaba…* + gerundio.

Juan

Juan estaba leyendo un libro cuando alguien llamó a la puerta.

Nosotros / mi madre

a
_____
_____

Laura

b
_____
_____

Mis hermanos

c
_____
_____

Mi madre

d
_____
_____

6 Completa las frases utilizando el pretérito indefinido o *estaba…* + gerundio.

1 _____ (montar / yo) en bicicleta en el parque, cuando _____ (encontrarse) con Laura.

2 Mis amigos y yo _____ (hablar) cuando el profesor _____ (entrar).

3 Marina _____ (estudiar) mientras su hermano _____ (tocar) la flauta.

4 Cuando vosotros _____ (llegar) a casa, yo _____ (hacer) los deberes.

5 ¿Tú _____ (escuchar) música cuando los ladrones _____ (entrar) en tu casa?

6 Laura y Sara _____ (patinar) cuando Juan _____ (caerse).

7 (Nosotros) _____ (oír) las noticias por la radio cuando _____ (ocurrir) el accidente de avión.

8 ¿A qué _____ (jugar / vosotros) cuando _____ (empezar) a llover?

9 Cuando mis amigos _____ (llegar), _____ (bañarse / nosotros) en la piscina.

10 Ayer yo _____ (ver) un accidente cuando _____ (esperar) el autobús.

7 Escribe preguntas para las siguientes respuestas, atendiendo a la parte subrayada.

• ¿Qué estabas haciendo cuando te llamé?
▪ Cuando me llamaste, <u>estaba haciendo los deberes</u> con Juan.

1 • _____
▪ Cuando nos visteis, <u>estábamos paseando</u> con mis padres.

2 • _____
▪ Cuando llegué a casa, <u>mi padre</u> estaba haciendo la cena.

3 • _____
▪ Cuando me escribiste, estaba hablando <u>con Nuria</u>.

4 • _____
▪ Cuando yo llegué, los ladrones estaban <u>dentro de la casa</u>.

5 • _____
▪ Mientras vosotros estabais terminando los ejercicios, nosotros estábamos jugando <u>al ajedrez</u>.

8 Traduce las frases a tu idioma.

1 Cuando llegamos al instituto, mi hermana María estaba esperándonos.

2 Tú estabas contando un chiste muy divertido cuando entró el profesor.

3 Cuando volví a casa, mi madre estaba hablando por teléfono.

4 Mateo y Julio estaban jugando cuando empezó la función.

5 Mientras vosotros estabais leyendo, yo estaba preparando la merienda.

COMUNICACIÓN

1 🔊 Escucha a dos amigos hablando sobre un hecho que ocurrió en el pasado. ¿Qué imagen es?

2 🔊 Escucha de nuevo la conversación. Completa las palabras o frases que faltan.

Elvira: ¿Te lo pasaste bien el fin de semana?

Diego: Sí, pero ocurrió algo extraño.

Elvira: ¿Qué te pasó? ¿Dónde estabas?

Diego: Estaba en casa de [1] _____.

Elvira: ¿Quién estaba allí?

Diego: Estábamos [2] _____, mi primo y yo.

Elvira: ¿Qué estabais haciendo?

Diego: [3] _____ una película.

Elvira: ¿Qué ocurrió?

Diego: Primero oímos un ruido extraño. Nos [4] _____ para ver qué era.

Elvira: ¿Y entonces?

Diego: Fuimos al [5] _____ de mis tíos y había dos [6] _____. Cuando nos vieron, [7] _____ por la ventana.

3 Practica el diálogo anterior con un compañero.

4 Prepara un diálogo con tu compañero sobre uno de los hechos de las imágenes del ejercicio 1. Usa como modelo las preguntas del ejercicio 2.

COMUNICACIÓN Y VOCABULARIO

1 Mira las fotografías y completa las frases.

1 Hay mucho _____ en la carretera.

2 Su hijo está malo y lo lleva al _____.

3 Esta fábrica produce mucha _____

4 En mi ciudad utilizamos mucho el _____

5 Las paredes están llenas de _____

6 En mi barrio hay muchas _____

2 Completa las frases con la palabra correcta.

1 Si utilizamos el **t**_____ **p**_____, habrá menos **c**_____ en las ciudades.

2 Me duele mucho la espalda. Voy a ir al **c**_____ de **s**_____ para consultarle al médico.

3 Los coches y las motos hacen mucho **r**_____.

4 Las paredes de mi barrio están llenas de **g**_____.

5 En las grandes ciudades el problema de la **d**_____ es mayor que en las ciudades pequeñas.

6 En mi pueblo hay pocas papeleras y hay bastante **s**_____.

7 Los domingos por la tarde hay mucho **t**_____ para entrar en las ciudades.

8 En las **i**_____ **d**_____ de mi barrio hay varias pistas de tenis.

3 Completa el correo electrónico con las siguientes palabras.

transporte público · tráfico · ruido · instalaciones deportivas
contaminación · suciedad · centro de salud · grafitis

Mensaje nuevo

Hola, Pedro:

Estoy pasando unos días en casa de mi amigo Enrique. Vive en un barrio muy diferente al mío. La gente es bastante maleducada: no utilizan las papeleras, así que hay mucha (1) _____ por todas partes. También hay muchos (2) _____ en las paredes. Poca gente utiliza el (3) _____ y hay muchos problemas de (4) _____. La ciudad tiene un alto nivel de (5) _____ y casi no se puede respirar. Además, se duerme muy mal porque hay mucho (6) _____. Cuando alguien se pone enfermo, tienen que desplazarse muy lejos, porque en este barrio no hay un (7) _____. Lo que más me gusta de esta zona es que tiene muchas (8) _____ donde los jóvenes del barrio juegan en su tiempo libre. Estoy pasando unos días estupendos porque Enrique y su familia están siendo muy amables conmigo.

Un abrazo,

Javier

Enviar

4 Escribe en tu cuaderno frases sobre tu ciudad. Utiliza el vocabulario del ejercicio 3.

DESTREZAS

📋 LEER

1 Lee el texto y contesta a las siguientes preguntas.

1 La hora del robo elimina a uno de los sospechosos, ¿a cuál?

☐ Martina
☐ La Dulce
☐ Oliver
☐ Pedro el Grande

2 Hay un sospechoso que no podía pasar a través de la trampilla del falso techo, ¿cuál?

☐ Martina
☐ La Dulce
☐ Oliver
☐ Pedro el Grande

3 De los sospechosos que quedan, solo uno pudo llegar hasta el tejado del edificio, ¿cuál?

☐ Martina
☐ La Dulce
☐ Oliver
☐ Pedro el Grande

2 Compara las respuestas con tus compañeros y discutid quién puede ser el ladrón.

🔊 ESCUCHAR

3 🔟 Escucha y comprueba la solución. ¿Quién es el ladrón?

El ladrón es ....

¡ENCUENTRA AL CULPABLE!

⇨ LOS HECHOS

Un ladrón ha conseguido robar una valiosa pintura de Picasso del Museo de Arte Moderno. El robo fue a las 20:00 h. El ladró entró por la ventana del último piso y consiguió llegar a la sala y robar el cuadro más famoso del Museo.

⇨ LOS SOSPECHOSOS

Estos cuatro ladrones son especialistas en robos de cuadros. Los cuatro estaban en Madrid en el momento del robo.

Martina
Alias: «Andrea Busto»
Edad: 22 años
Altura: 1,70 m
Peso: 58 kg

MARTINA. Esta joven y audaz ladrona colecciona cuadros. **Su punto débil:** lleva ropa demasiado elegante. **Accesorios:** una mochila con ganchos y cuerdas. Los utiliza para hacer tirolinas y pasar desde un edificio alto a otro más bajo.

Joaquín Oliver
Alias: «Oliver»
Edad: 30 años
Altura: 1,80 m
Peso: 75 kg

JOAQUÍN. Este ladrón es un gran deportista. Su fuerte es el alpinismo. **Su punto débil:** tiene miedo a la luna llena. Todos los días a las 20:00 h entra en internet para ver las fases de la luna.

Señorita Sanz
Alias: «La Dulce»
Edad: 65 años
Altura: 1,55 m
Peso: 50 kg

LA DULCE. Es inventora. Se hizo ladrona para invertir en sus inventos. **Su punto débil:** no trabaja después de las 21:30 h porque quiere ver su programa favorito de TV. **Accesorios:** una plataforma con hélice que le permite alcanzar alturas de 50 m.

Pedro el Grande
Alias: «Pedro Bueno»
Edad: 55 años
Altura: 1,85 m
Peso: 120 kg

PEDRO. Fue boxeador y trabajó en el circo como «El hombre más fuerte del mundo». **Su punto débil:** está gordo. **Accesorios:** instrumentos para cortar vidrio. Los utiliza para entrar por las ventanas.

⇨ LAS PISTAS

El Museo de Arte Moderno tiene dos edificios unidos entre sí. Uno tiene una altura de 30 m y el otro de 50 m.

La colección de Picasso se encuentra en el último piso del edificio más alto. El ladrón entró por el tejado, a través de la ventana. Por el agujero realizado en el cristal podía pasar cualquiera de los sospechosos.

El ladrón llegó a la sala de la colección a través de una pequeña trampilla en el falso techo.

Transcripciones

UNIDAD 1 ¿En casa o con los amigos?
COMUNICACIÓN
🔊 Ejercicio 3
CONTESTADOR: Este es el contestador automático de la familia Simón. En este momento no estamos en casa. Después de la señal, puede dejar su mensaje. Gracias.
ELENA: ¡Hola, soy Elena! Quiero dejar un mensaje para Cristina. Mañana vamos todos los compañeros de clase al parque de atracciones. ¿Te vienes? Salimos a las once de la puerta del instituto. Vamos en el autobús. Para comer llevamos bocadillos. La entrada cuesta veinte euros y volvemos a las ocho. Anímate. ¡Hasta mañana!

UNIDAD 2 ¿Qué tiempo hace?
DESTREZAS
🔊 Ejercicio 3
Soy Teresa y, como el próximo mes empieza un nuevo año, hay algunas cosas que quiero cambiar en mi vida. Estos son mis planes para el año nuevo:
- Todas las mañanas voy a levantarme un poco antes para no llegar tarde al instituto.
- Todas las tardes voy a dedicar dos horas a hacer mis deberes.
- Voy a dedicar menos horas a jugar con mi ordenador.
- Voy a hacer más deporte y voy a gastar menos dinero en chucherías.
Todo va a ir mucho mejor el año que viene.

UNIDAD 3 Biografías
COMUNICACIÓN
🔊 Ejercicio 1
PAULA: ¡Hola, Amanda!, ¿dónde estuviste ayer?
AMANDA: Estuve en casa de Marta, en su fiesta de disfraces.
PAULA: ¡Ah!, pues no sabía nada. ¿Cómo ibas?
AMANDA: De bruja. ¿Te acuerdas del disfraz que me hizo mi abuela para Carnavales?
PAULA: Sí, sí, me acuerdo. ¿Con quién estuviste?
AMANDA: Con Alba, pero ella no se disfrazó.
PAULA: ¿Por qué?
AMANDA: Porque no encontró ningún disfraz para ponerse.
PAULA: ¿Te lo pasaste bien?
AMANDA: Fenomenal, nos reímos mucho con Jandro, él iba disfrazado de payaso.

UNIDAD 4 En casa y en el colegio
COMUNICACIÓN
🔊 Ejercicio 2
LUIS: Carmen, tú naciste en Rioseco, un pueblo de Valladolid, ¿podrías contarnos cómo era la escuela cuando tú eras pequeña?

CARMEN: Pues claro que sí. Estoy encantada de recordar esos tiempos. Tengo que decir que yo tuve mucha suerte de ir a la escuela, porque otros niños tenían que trabajar y ayudar a sus familias.
LUIS: ¿Los niños y las niñas estaban juntos en la misma clase?
CARMEN: No, había dos escuelas, una para los niños y otra para las niñas.
LUIS: ¿Llevabais mochila al colegio?
CARMEN: Llevábamos una cartera y solo usábamos un libro que se llamaba «La Enciclopedia».
LUIS: ¿Cuál era tu asignatura favorita?
CARMEN: La Historia era mi favorita.
LUIS: ¿Teníais que llevar uniforme?
CARMEN: Creo recordar que llevábamos babi (un vestido para no mancharnos).
LUIS: ¿Teníais ordenadores en el aula?
CARMEN: No. No teníamos ni calculadora.
LUIS: ¿Qué hacíais después del colegio?
CARMEN: Los chicos jugaban a las canicas y las chicas a la cuerda. Luego hacíamos los deberes.
LUIS: ¿Estás de acuerdo con que los adolescentes deben leer más?
CARMEN: Creo que no se lee suficiente. Hay que quitar horas a la televisión y al ordenador y dedicarlo a la lectura.

UNIDAD 5 El tráfico en mi ciudad
COMUNICACIÓN
🔊 Ejercicios 3 y 4
MANUEL: ¿Perdone, es esta la Plaza de Cataluña?
SEÑORA: Sí, es esta.
MANUEL: ¿Puede decirme cómo se va a la Catedral?
SEÑORA: Sí, por supuesto. Está muy cerca. Baja por La Rambla, coge la cuarta calle a mano izquierda, sigue todo recto hasta llegar a la Plaza Nova. La Catedral está justo al lado.
MANUEL: Muchas gracias.

UNIDAD 6 ¿Qué te pasa?
DESTREZAS
🔊 Ejercicios 3 y 4
ENTREVISTADOR: Hoy tenemos con nosotros a Teresa García, la presidenta del club de fans de Rafael Nadal, y nos va a contestar unas preguntas que la gente le ha enviado. ¡Hola, Teresa!
TERESA: Hola.
ENTREVISTADOR: La primera pregunta, ¿cuántos campeonatos ha ganado Rafa?
TERESA: Ha ganado nueve veces el Roland Garros.
ENTREVISTADOR: ¿Cuántos años tenía cuando ganó la Copa Davis?

TERESA: Solamente tenía dieciocho años.

ENTREVISTADOR: ¿Ha hecho alguna película?

TERESA: No, nunca ha hecho una película, pero ha hecho anuncios para la televisión con Pau Gasol.

ENTREVISTADOR: ¿Has hablado alguna vez con él?

TERESA: Sí, es una persona sencilla y muy madura.

ENTREVÍSTADOR: ¿Cuáles son sus aficiones?

TERESA: El fútbol, la «Play Station», pescar e ir al cine con los amigos.

UNIDAD 7 ¿A quién se parece?
DESTREZAS
🎧 Ejercicio 3

ENTREVISTADOR: Muy buenos días a todos. Hoy tenemos con nosotros al fotógrafo David Machado. Bienvenido y muchas gracias por venir David.

DAVID: Muchas gracias a vosotros por invitarme.

ENTREVISTADOR: David, hoy nos vienes a hablar de unas de tus fotografías favoritas. La primera, si no me equivoco, fue de tu viaje a la India de hace unos años.

DAVID: Efectivamente, estuve seis meses recorriendo el país.

ENTREVISTADOR: ¿Por qué te gusta esta foto?

DAVID: La niña se llama Naisha. Tiene una cara muy expresiva y una sonrisa natural.

ENTREVISTADOR: Parece muy alegre.

DAVID: Claro que sí, es muy simpática, aunque un poco tímida. Es tan curiosa que quería aprender a usar la cámara de fotos. Fue un momento muy divertido.

ENTREVISTADOR: ¿Dónde tomaste la otra foto?

DAVID: Fue en Estados Unidos.

ENTREVISTADOR: ¿Conoces a los protagonistas?

DAVID: La pareja se llama James y Alice. Se acababan de casar y él se iba a la guerra por tres meses. James estaba muy nervioso.

ENTREVISTADOR: ¿Qué te parece más importante en esta imagen?

DAVID: Creo que la tristeza en la cara de Alice.

ENTREVISTADOR: Muchas gracias, David. Ha sido un placer hablar contigo.

UNIDAD 8 El futuro del planeta
DESTREZAS
🎧 Ejercicio 3

ENTREVISTADOR: Hoy en el programa, tenemos con nosotros a Juan Carlos Ruiz, biólogo y miembro de una ONG ecologista, y nos va a hablar sobre las bolsas del futuro. Buenos días, Juan Carlos.

JUAN CARLOS: Buenos días.

ENTREVISTADOR: Ya sabemos que poco a poco, las bolsas de plástico fabricadas a partir del petróleo irán dejando paso a otro tipo de bolsas, ¿podrías decirnos cuáles son esas bolsas?

JUAN CARLOS: Se llaman bolsas biodegradables. En Zaragoza, ya hay una empresa que fabrica bolsas de plástico con almidón de patata y, en el futuro, se utilizará el girasol, el tomate y la colza.

ENTREVISTADOR: ¿Tienen algún inconveniente las bolsas biodegradables?

JUAN CARLOS: Uno de ellos es que obligan a cultivar plantas que consumen mucha agua, como el maíz.

ENTREVISTADOR: ¿Se te ocurre alguna solución para reducir el consumo de las bolsas de plástico?

JUAN CARLOS: Pues se me ocurren tres soluciones. La primera es la bolsa grande y fuerte, que se puede utilizar unas cien veces. También pueden utilizarse mochilas o carritos de la compra. Y por último, llevar siempre en el bolsillo o en la cartera una bolsa de tela.

ENTREVISTADOR: Gracias, Juan Carlos, por estar con nosotros.

UNIDAD 9 Sucesos
COMUNICACIÓN
🎧 Ejercicios 1 y 2

ELVIRA: ¿Te lo pasaste bien el fin de semana?

DIEGO: Sí, pero ocurrió algo extraño.

ELVIRA: ¿Qué te pasó? ¿Dónde estabas?

DIEGO: Estaba en casa de mi primo.

ELVIRA: ¿Quién estaba allí?

DIEGO: Estábamos solos, mi primo y yo.

ELVIRA: ¿Qué estabais haciendo?

DIEGO: Estábamos viendo una película.

ELVIRA: ¿Qué ocurrió?

DIEGO: Primero oímos un ruido extraño. Nos levantamos para ver qué era.

ELVIRA: ¿Y entonces?

DIEGO: Fuimos al dormitorio de mis tíos y había dos ladrones. Cuando nos vieron, saltaron por la ventana.

DESTREZAS
🎧 Ejercicio 3

1 El robo ocurrió a las 20:00 horas, por lo que Joaquín no pudo ser, porque estaba conectado a internet para ver las fases de la luna.

2 Pedro el Grande no entraba por la trampilla: tiene que adelgazar unos kilos.

3 Martina solo puede utilizar sus cuerdas para hacer una tirolina cuando se desplaza de un edificio más alto a otro más bajo, y no al revés.

La ladrona es la señorita Sanz, alias «La Dulce».